Cynthia Havlicek

Wie mittelständische Unternehmen mit Employer Branding erfolgreich werden

Chancen und Herausforderungen bei der Erschaffung einer Arbeitgebermarke

Bibliografische Information der Deutschen Nationalbibliothek:

Die Deutsche Nationalbibliothek verzeichnet diese Publikation in der Deutschen Nationalbibliografie; detaillierte bibliografische Daten sind im Internet über http://dnb.d-nb.de abrufbar.

Impressum:

Copyright © EconoBooks 2020

Ein Imprint der GRIN Publishing GmbH, München

Druck und Bindung: Books on Demand GmbH, Norderstedt, Germany

Covergestaltung: GRIN Publishing GmbH

II

Inhaltsverzeichnis

Abbildungsverzeichnis

Tabellenverzeichnis

Abkürzungsverzeichnis

Abb.	Abbildung
DEBA	Deutsche Employer Branding Akademie
EVP	Employer Value Proposition
u. a.	und andere
UEP	Unique Employment Proposition
USP	Unique Selling Proposition
HRM	Human Ressource Management
Hrsg.	Herausgeber
KPI	Key Performance Indicator
KMU	Kleine und mittlere Unternehmen
Vgl.	Vergleiche

1 Einleitung

1.1 Der Fokus auf Employer Branding

Die Bedeutung der Mitarbeiter als Erfolgsfaktor für Unternehmen gewinnt im Zuge des demographischen Wandels, und der daraus resultierenden Verknappung an qualifizierten Fachkräften, zunehmend an Aufmerksamkeit. Ursächlich für diese gesellschaftliche Entwicklung ist unter anderem die sinkende Geburtenrate und die damit verbundene Verknappung an jungen potentiellen Arbeitnehmern. Auf diese Bevölkerungsentwicklungen haben Unternehmen keinerlei Einfluss und müssen diese als gegeben hinnehmen.[1]

Unternehmen werden daher verstärkt mit Herausforderungen konfrontiert, denen sie sich aktuell und in Zukunft stellen müssen. Gerade in einer schnell wachsenden Wirtschaft, innerhalb derer Produkte und Technologie im Wettbewerb schnell überholbar sind, entsteht die Definition von Qualität zu großen Teilen über die qualifizierten Mitarbeiter.[2] Die Mitarbeiter eines Unternehmens sind Kompetenz-, Wissens- und Erfahrungsträger und stellen damit den entscheidenden Differenzierungsfaktor und die wichtigste Quelle des Unternehmenserfolgs dar.[3]

Auch die Internationalisierung des Arbeitsmarktes und die Entwicklung zur Wissensgesellschaft macht es für Unternehmen zunehmend schwer, geeignetes Personal zu finden. Gerade in Bereichen des Ingenieurswesens werden auffällig viele deutsche Fach- und Führungskräfte durch attraktive Angebote aus dem Ausland abgeworben. Die Entwicklung von einer Industrie- zu einer Wissensgesellschaft zeigt sich darin, dass die Aufgaben zunehmend komplexer und anspruchsvoller werden. Um diesen Aufgaben gerecht zu werden, übersteigt der Bedarf der Unternehmen an hochqualifizierten Mitarbeitern das tatsächliche Angebot deutlich.[4]

Entsprechend ist es für Unternehmen wichtig, nicht nur Kunden gegenüber ein positives Unternehmensbild zu vermitteln, sondern sich auch für Bewerber und Mitarbeiter als Arbeitgeber attraktiv zu positionieren. Durch diese Umstände gewinnt das Thema Employer Branding immer mehr an Bedeutung und wird zum festen Bestandteil des Managements. Die Relevanz des Themas ist für alle Arbeitgeber gleichermaßen

---

[1]   Vgl. Wolfgang Immerschitt und Marcus Stumpf, *Employer Branding für KMU: der Mittelstand als attraktiver Arbeitgeber* (Wiesbaden: Springer Gabler, 2014), S. 1.

[2]   Vgl. Florian Schuhmacher und Roland Geschwill, *Employer Branding: Human Resources Management für die Unternehmensführung*, 2., überarbeitete und erweiterte Auflage (Wiesbaden: Springer-Gabler, 2014), S. 1

[3]   Vgl. Waldemar Stotz und Anne Wedel-Klein, *Employer Branding: mit Strategie zum bevorzugten Arbeitgeber* (München: Oldenbourg, 2009), S. 1.

[4]   Vgl. Stotz und Wedel-Klein, S. 1 f.

gegeben. Unabhängig davon, ob es sich um ein kleines Unternehmen handelt oder einen Konzern. Employer Branding beschreibt den Prozess der Arbeitgebermarkenbildung und kann zu weiten Teilen von der Markenbildung im klassischen Marketing abgeleitet werden. Es geht darum ein Unternehmen als Arbeitgebermarke mit Wiedererkennungswert und gefestigten Eigenschaften nach außen und innen zu kommunizieren, um so auf Dauer positive Assoziationen hinsichtlich Qualität und Beständigkeit bei den Adressaten zu verankern.[5]

Das Nutzen einer Marke als Arbeitgeber bietet im Wettbewerb um die besten Talente entscheidende Vorteile, durch die eindeutige Positionierung und Differenzierung. Die emotionale Komponente einer Marke trägt zusätzlich zur erfolgreichen Mitarbeiterbindung bei und kann dadurch den Unternehmenserfolg nachhaltig und ganzheitlich steigern.[6]

1.2 Zielsetzung und Aufbau der Arbeit

Zielsetzung dieser Arbeit ist es, die Thematik des Employer Branding ganzheitlich von den Grundlagen, über den gesamten komplexen Prozess der Arbeitgebermarkenbildung, bis hin zu den Chancen und Herausforderungen aufzuzeigen. Zusätzlich sollen die Charakteristika mittelständischer Unternehmen als Arbeitgeber durchleuchtet werden, um zu prüfen inwieweit Employer Branding auch für den Mittelstand eine geeignete Möglichkeit zur Steigerung der Wettbewerbsfähigkeit darstellt.

Es soll Aufschluss darüber gegeben werden, welche strategischen Überlegungen und Maßnahmen nötig sind, um eindeutige Arbeitgeberpräferenzen bei den Zielgruppen zu generieren. Der Fokus der Arbeit liegt auf dem Markenmanagement und der Kommunikation der Arbeitgebermarke. Die Differenzierung durch Employer Branding am Arbeitsmarkt steht dabei im Mittelpunkt. Anlässlich der momentanen gesellschaftlichen Situation, sollen die Besonderheiten der Unternehmen in der Rolle des Arbeitgebers betrachtet werden. Dies geschieht im besonderen Maße in Bezug auf mittelständische Unternehmen. Employer Branding soll hinsichtlich der Möglichkeiten und Herausforderungen für den Mittelstand durchleuchtet werden. Mittelpunkt der Betrachtung soll dabei die Wettbewerbsfähigkeit gegenüber Großunternehmen sein.

Die Arbeit gliedert sich der Zielsetzung entsprechend in vier Kapitel.

Im ersten Kapitel soll ein Überblick über die aktuelle Situation am Arbeitsmarkt und die daraus resultierenden Herausforderungen für Arbeitgeber gegeben werden. Dadurch wird auch auf die aktuelle Bedeutsamkeit von Employer Branding hingewiesen.

---

5 Vgl. Schuhmacher und Geschwill, S. 35
6 Vgl. Hansjörg Künzel, Hrsg., *Erfolgsfaktor Employer Branding: Mitarbeiter binden und die Gen Y gewinnen*, Erfolgsfaktor Serie (Berlin: Springer Gabler, 2013), Vorwort S. VII.

Das zweite Kapitel widmet sich den begrifflichen Grundlagen des Employer Brandings. Eingangs wird erläutert was Unternehmen zu Arbeitgebern macht um eine Basis für die Thematik des Employer Brandings zu schaffen. Kern des Kapitels sind begriffliche Abgrenzung rund um die Arbeitgebermarkenbildung, die Einordnung in den Kontext des Markenmanagements sowie die historische Entwicklung des Employer Brandings. Außerdem wird in Bezug auf die Arbeitgebermarke auf die internen und externen Aspekte des Personalmarketings eingegangen.

Gegenstand des dritten Kapitels ist der Prozess des Employer Brandings. Angefangen bei der Analyse wird darauf eingegangen, welche Bestandteile es zu untersuchen gilt und wie die Analyse gestaltet werden kann. Die Daten der Analyse gelten als Basis für folgend beschriebene Strategie Planung. Übergeordnetes Ziel ist die Markenpositionierung mit der Definition der Alleinstellungsmerkmale als Arbeitgeber. Der vorletzte Prozess-Schritt beschreibt, wie die Arbeitgebermarke durch ein konsistentes Kommunikationskonzept intern und extern integriert werden kann. Im letzten Abschnitt dieses Kapitels werden Möglichkeiten zur Erfolgskontrolle des Employer Branding hinsichtlich der Effizienz und Effektivität aufgezeigt.

Auf der Theorie aufbauend steht im vierten Kapitel dieser Arbeit die Betrachtung des Mittelstands im Zentrum. Neben der allgemeinen Definition, wird auf die Besonderheiten von mittelständischen Unternehmen als Arbeitgeber eingegangen. Employer Branding wird hierbei als Chance zur Differenzierung und zur Steigerung der Wettbewerbsfähigkeit näher betrachtet. Die Chancen und Herausforderung, die sich im Speziellen für den Mittelstand im Rahmen des Employer Branding ergeben können, werden am Ende des Kapitels dargestellt.

Abschließend folgt ein zusammenfassendes Fazit mit Ausblick auf die weitere Entwicklung der Thematik des Employer Brandings.

2 Grundlagen des Employer Brandings

2.1 Das Unternehmen in der Rolle des Arbeitgebers

Unternehmen werden erst durch die Beschäftigung von Arbeitnehmern zu Arbeitgebern und haben bestimmte Pflichten zu erfüllen, um die Leistung von Personal im Interesse des Unternehmens in Anspruch zu nehmen. Wer Leistungen als Arbeitgeber in Anspruch nimmt, ist dazu verpflichtet die Arbeitnehmer dafür angemessen zu vergüten und trägt zudem die Pflicht, Fürsorge für diese zu übernehmen, deren Interessen zu wahren und alle Arbeitnehmer gleich zu behandeln.[7]

Doch neben all diesen allgemeinen rechtlichen Vorschriften, die es einzuhalten gilt, gibt es viele weitere Aspekte, die ein Unternehmen als Arbeitgeber ausmachen - vor allem aus der Sicht des Personalmarketings. Arbeitgeber zu sein, bedeutet heutzutage viel mehr als die reine Beschäftigung von Personal und das Zahlen von Gehältern.

Ebenso wenig zielführend ist diese rechtlich geprägte Definition für die Abgrenzung von Arbeitgebern im Sinne der Markenbildung. Um der Frage nachzugehen, welche Leistungsfaktoren eines Arbeitgebers bei der Arbeitgebermarke, berücksichtigt werden, ergeben sich nach Petkovic eine weite und eine enge Begriffsdefinition.[8]

- Der Begriff des Arbeitgebers im weiteren Sinne beinhaltet demnach alle Faktoren, welche die Wahl und die Attraktivität eines Arbeitgebers mitbestimmen. Erwähnenswert hierbei sind insbesondere die Produkte des Unternehmens und der Standort.

- Die Definition des Arbeitgebers im engeren Sinne grenzt diese Faktoren bewusst aus und bezieht ausschließlich die Kriterien mit ein, die durch das Human Ressource Management (HRM) eines Unternehmens aktiv geformt und gestaltet werden können. Bespiele für diese Faktoren wären die Karriereperspektiven, das Anspruchsniveau der Tätigkeit oder auch die Weiterbildungsmöglichkeiten im Unternehmen.

Die Ansprüche an die Arbeitgeber sind in den letzten Jahren gestiegen und gerade durch den demographischen Wandel und die daraus resultierenden Engpässe an geeignetem Personal, werden diese Ansprüche bedeutend. Fachkräfte sind sich ihrer

---

[7] Vgl. „Definition » Arbeitgeber « | Gabler Wirtschaftslexikon", zugegriffen 10. Dezember 2017, http://wirtschaftslexikon.gabler.de/Definition/arbeitgeber.html.

[8] Vgl. Mladen Petkovic, *Employer Branding: ein markenpolitischer Ansatz zur Schaffung von Präferenzen bei der Arbeitgeberwahl*, 2. Auflage, Hochschulschriften zum Personalwesen 37 (München und Mering: Rainer Hampp Verlag, 2008), S. 46.

Position bewusst, und nutzen ihre Chance auf Verhandlungen.[9] Um den Unternehmenserfolg nachhaltig zu sichern, sind Unternehmen darauf angewiesen, geeignetes Personal zu rekrutieren und dieses als attraktiver Arbeitgeber langfristig binden und entwickeln zu können. Für all das ist das Unternehmen in der Rolle des Arbeitgebers verantwortlich und tritt hierbei nicht als Dienstleister oder Lieferant gegenüber Kunden auf, sondern als Arbeitgeber gegenüber potentiellen Bewerbern und bestehenden Mitarbeitern.[10]

2.2 Begriffsklärung Employer Branding

Beim Employer Branding handelt es sich um die strategische Positionierung von Unternehmen in der Wahrnehmung von Arbeitnehmern am Arbeitsmarkt durch die Bildung einer prägnanten Marke.[11] Im Zentrum der Betrachtung, basierend auf den identitätsorientierten Markenansätzen, steht hier die Identität der Arbeitgebermarke. Das Fundament des Employer Brandings ist die unternehmenseigene Identität, die sogenannte Corporate Identity (das Selbstbild des Unternehmens). Somit ist das Employer Branding nie isoliert von der Unternehmensidentität und der Unternehmensmarke (Corporate Brand) zu betrachten, sondern im Markenkontext immer im Zusammenhang mit dem Corporate Branding.[12]

Employer Branding oder Arbeitgebermarkenbildung inkludiert alle strategischen Maßnahmen und Entscheidungen innerhalb eines Unternehmens. Es dient der Bildung und Stärkung der eigenen Arbeitgebermarke, um am Bewerbermarkt und auch bei bestehenden Mitarbeitern als attraktiver Arbeitgeber wahrgenommen zu werden.[13]

Hierbei werden konstante Eigenschaften, Werte und Gegebenheiten des Unternehmens als Arbeitgeber zusammengefasst und zu einer Marke geformt. Das Employer Branding umfasst alle Entscheidungen bezüglich der Planung und der strategischen Umsetzung zur Etablierung der Arbeitgebermarke. Auch alle damit verbundenen Maßnahmen des (Personal-)Marketings fallen unter den Begriff des Employer Brandings. Das Employer Branding wird auch als übergreifende Identität des Unternehmens

---

[9] Sarah Thust/dpa, „Spielraum für Verhandlungen", *sueddeutsche.de*, 2017, Abschn. Karriere, http://www.sueddeutsche.de/karriere/jobsuche-spielraum-fuer-verhandlungen-1.3772546.

[10] Vgl. Christoph Beck, Hrsg., *Personalmarketing 2.0: vom Employer Branding zum Recruiting*, Personalwirtschaft Buch (Köln: Luchterhand, 2008), S. 28 f.

[11] Vgl. Anders Parment, *Die Generation Y - Mitarbeiter der Zukunft: Herausforderung und Erfolgsfaktor für das Pesonalmanagement* (Wiesbaden: Gabler, 2013), S. 125.

[12] Vgl. Beck, *Personalmarketing 2.0*, S. 31.

[13] Vgl. Nicholas Adjouri, *Alles was Sie über Marken wissen müssen: Leitfaden für das erfolgreiche Management von Marken*, 2. Aufl (Wiesbaden: Springer Gabler, 2014), S. 221 f.

verstanden, insbesondere die Art und Weise, wie ein Unternehmen als Arbeitgeber identifizierbar ist.[14]

Die Deutsche Employer Branding Akademie (DEBA) definiert Employer Branding wie folgt:[15]

„Employer Branding ist die identitätsbasierte, intern wie extern wirksame Positionierung eines Unternehmens als glaubwürdiger und attraktiver Arbeitgeber. Kern des Employer Brandings ist immer eine die Unternehmensmarke spezifizierende oder adaptierende Arbeitgebermarkenstrategie. Entwicklung, Umsetzung und Messung dieser Strategie zielen unmittelbar auf die nachhaltige Optimierung von Mitarbeitergewinnung, Mitarbeiterbindung, Leistungsbereitschaft und Unternehmenskultur sowie die Verbesserung des Unternehmensimages."

In der Literatur finden sich eine Reihe weitere Definitionen von Employer Branding, nachfolgende Tabelle zeigt eine Auswahl:

Autor	Definition Employer Branding
Beck, Christoph (2008)	Employer Branding bezeichnet „die Profilierung und Positionierung eines Unternehmens als Arbeitgeber auf den relevanten Zielmärkten, verbunden mit der Zielsetzung, ein unverwechselbares Vorstellungsbild als attraktiver Arbeitgeber in der Wahrnehmung seiner internen und externen Zielgruppen (künftigen, potenziellen, aktuellen und ehemaligen Mitarbeitern) zu realisieren."[16]
Petkovic, Mladen (2008)	Employer Branding impliziert „alle Entscheidungen, welche die Planung, Gestaltung, Führung und Kontrolle einer Arbeitgebermarke sowie der entsprechenden Marketingmaßnahmen betreffen mit dem Ziel, die umworbenen Fach- und Führungskräfte präferenzwirksam (Employer-of-Choice) zu beeinflussen."[17]
Burmann, Christoph Piehler, Rico (2013)	Employer Branding „ist ein Konzept, das mit der Entwicklung sowie internen und externen Umsetzung und Kontrolle des an aktuelle und potentielle Mitarbeiter gerichteten, aus der Markenidentität abgeleiteten Markennutzenversprechen befasst ist."[18]
Schuhmacher, Florian Geschwill,	Employer Branding „ist eine unternehmensstrategische Maßnahme, bei der Konzepte aus dem Marketing, insbesondere der Markenbildung, angewandt werden. Das Unternehmen wird als attraktiver Arbeitgeber dargestellt und gegenüber Wettbewerbern

---

[14] Vgl. Jens Rowold, *Human Resource Management Lehrbuch für Bachelor und Master*, 2015, S. 136

[15] DEBA GmbH, „Mission und Grundsätze", *DEBA GmbH* (blog), zugegriffen 26. Februar 2018, http://employerbranding.org/about/mission-und-grundsaetze/.

[16] Beck, *Personalmarketing 2.0*, S. 28.

[17] Petkovic, *Employer Branding*, S.71.

[18] Rico Piehler und Christoph Burmann, „Employer Branding vs. Internal Branding : ein Vorschlag zur Integration im Rahmen der identitätsbasierten Markenführung", *Die Unternehmung : Swiss journal of business research and practice*, Nr. 67 (2013): S. 234.

Autor	Definition Employer Branding
Roland (2014)	positiv positioniert. Das Ergebnis ist die Arbeitgebermarke, Employer Brand, das vom Unternehmen gezielt gestaltete Image, als attraktiver Arbeitgeber wahrgenommen zu werden."[19]

Tabelle 1: Definitionen des Begriffs Employer Branding

Die Konzepte rund um die Arbeitgebermarke zielen darauf ab, das Unternehmen, neben der eigentlichen Funktion als Anbieter für Kunden, als Arbeitgeber zu definieren. Ziel ist es, positiv im Sinne des wettbewerbsorientierten Ansatzes von der Konkurrenz am Arbeitsmarkt als attraktiver Arbeitgeber (bzw. Marke) abzuheben. Die Differenzierung als Erfolgsfaktor am Arbeitsmarkt spielt bei der Realisierung die entscheidende Rolle. Zum anderen gilt es während des Prozesses auch dem wirkungsorientierten Ansatz zu folgen, d.h. auch die Einstellungen, Motivationen und Emotionen der Zielgruppen mit einzubeziehen. Ein weiterer wichtiger Aspekt des Employer Brandings ist es, die Wahrnehmung der eigenen Employer Brand durch die anvisierte Zielgruppe und den Effekt auf diese in den Fokus zu setzen.[20]

Übergreifende Ziele der Unternehmen sind es durch Employer Branding Mitarbeiterengpässen vorzubeugen, Fachkräfte für sich zu gewinnen, diese an das Unternehmen zu binden und deren Leistungsbereitschaft langfristig durch positiv erlebte Unternehmenskultur zu sichern. Um diese Ziele zu erreichen, gilt es die Vorzüge und einzigartigen Eigenschaften als Arbeitgeber authentisch nach außen und innen zu kommunizieren und die Kompetenzen als Arbeitgeber klar zu verdeutlichen.[21]

2.3 Kontextuelle Einordnung im Markenmanagement und begriffliche Abgrenzungen

Um ein ganzheitliches Verständnis der Thematik des Employer Brandings zu schaffen, soll zuerst eine allgemeine Darstellung des klassischen Markenmanagements bei der Einordnung des Employer Brandings im Markenkontext helfen. Zudem bilden die Definition und Abgrenzung von relevanten Begriffen im Zusammenhang mit dem Employer Branding einen fundierten Bezugsrahmen für die nachfolgenden Kapitel.

2.3.1 Kontextuelle Einordnung im Markenmanagement

Da es sich beim Employer Branding (Employer=Arbeitgeber, Branding= Markenbildung) um ein Thema aus dem Kontext der Marken handelt, ist ein kleiner Exkurs in das klassische Markenmanagement unerlässlich. Nur so kann ein Bezugsrahmen für

---

[19] Schuhmacher und Geschwill, *Employer Branding*, S. 35.

[20] Vgl. Beck, *Personalmarketing 2.0*, S. 28 f.

[21] Vgl. Jens Rowold, *Human Resource Management Lehrbuch für Bachelor und Master*, 2015, S. 136

die Einordnung des Employer Brandings in diesem Zusammenhang geschaffen werden.[22]

Als Marke finden sich in der Literatur viele Definitionen, die als Essenz folgendes besagen: „Eine Marke ist ein in der Psyche des Konsumenten und sonstiger Bezugsgruppen fest verankertes, unverwechselbares Vorstellungsbild von einem Produkt oder einer Dienstleistung."[23] Marken haben das Ziel, den Konsumenten Antworten auf die Frage zu liefern, warum man sich für ein bestimmtes Produkt oder eine Dienstleistung entscheiden sollte. Sie funktionieren also als ein, durch Vertrauen geprägtes, Mehrwertversprechen, das Kunden mit einer Marke verbinden.[24] Mit der Marke BMW sollen beispielsweise gezielt Attribute wie „dynamisch", „herausfordernd" oder auch „kultiviert" in Verbindung gebracht werden, während der Claim „Freude am Fahren" es schon ahnen lässt: „Freude" ist hier der Markenkern. BMW verspricht seinen Kunden durch Marketingkampagnen so einen echten Mehrwert.[25] Der Sportartikelhersteller Nike hingegen überzeugt Kunden durch Mode, die mit Technik kombiniert wird und gibt mit dem Slogan „Just do it!" zudem ein Markenversprechen, das durch eine fortwährende Entwicklung und Innovation charakterisiert ist.[26]

2.3.2 Arbeitgeberimage

Ob man sich als Kunde durch das verankerte Markenbild für ein Produkt entscheidet, oder ob die Wahl eines potentiellen Arbeitnehmers auf ein bestimmtes Unternehmen fällt, sind aus Sicht der daraus folgenden Konsequenzen sicherlich zwei unterschiedliche Angelegenheiten. Jedoch sind die Ausgangslagen bei beiden Situationen durch eine ähnliche Unsicherheit geprägt. Je mehr man über etwas zu wissen scheint, desto höher wird die Sicherheit bei der Entscheidungsfindung. Über tatsächliche Einblicke in die Arbeitswelt von Unternehmen verfügen nur diejenigen, die auch tatsächlich dort arbeiten oder direkten Bezug zum angestellten Personal haben. Das Bild von Unternehmen als Arbeitgeber wird in erster Linie durch Themen beeinflusst, die in den öffentlichen Medien behandelt werden oder auch Teil gesellschaftlicher Auseinander-

---

[22] Vgl. Latzel, Jana "Marke und Branding" in Gero Hesse und Roland Mattmüller, Hrsg., *Perspektivwechsel im Employer Branding: neue Ansätze für die Generationen Y und Z* (Wiesbaden: Springer Gabler, 2015), S. 17.

[23] Stotz und Wedel-Klein, *Employer Branding*, S. 5.

[24] Vgl. Armin Trost, Hrsg., *Employer Branding: Arbeitgeber positionieren und präsentieren*, Personalwirtschaft (Köln: Luchterhand, 2009), S. 14.

[25] Vgl. „Wie Marken sprechen: Wissenschaft im Dienst der Marke", zugegriffen 23. Januar 2018, http://www.handelsblatt.com/technik/forschung-innovation/wie-marken-sprechen-wissenschaft-im-dienst-der-marke/3310086.html.

[26] Vgl. Haufe-Lexware GmbH, „Tesla, Apple und Nike weisen Markenführung den Weg in die Zukunft | Marketing & Vertrieb | ...", Haufe.de News und Fachwissen, zugegriffen 23. Januar 2018, https://www.haufe.de/marketing-vertrieb/online-marketing/tesla-apple-und-nike-weisen-markenfuehrung-den-weg-in-die-zukunft_132_280590.html.

setzungen sind. Das bedeutet für Unternehmen, dass das Image als Arbeitgeber maßgeblich davon geprägt wird, was man preisgibt und wo Außenstehenden Einblick gewährt wird. Dabei ist zu beachten, dass Menschen sich ohnehin ein Bild machen, auch wenn dieses auf stereotypen Annahmen basiert. So gelten manche Unternehmen, wie Google oder Netflix für Studenten oft von Grund auf ansprechender, als Unternehmen wie die Telekom oder die Deutsche Post, welche eher als weniger attraktiv angesehen werden. In beiden Fällen wurden keine echten Erfahrungen mit den Unternehmen als Arbeitgeber gemacht, aber bestimmte Annahmen sind trotzdem verankert. Dieses Phänomen wird durch das Arbeitgeberimage erklärt.[27]

Das Image bezeichnet in diesem Zusammenhang das Bild oder den Eindruck, den die Öffentlichkeit von einer Sache oder Person hat. Diese Vorstellung entsteht historisch und wird vorwiegend durch die modernen Medien beeinflusst. Das Unternehmensimage ist demnach das Bild der Gesellschaft von einem Unternehmen und dessen Ansehen. Differenziert davon bezieht sich das Arbeitgeberimage auf die Rolle und die Eigenschaften des Unternehmens als Arbeitgeber.[28] Genauer betrachtet ist das Arbeitgeberimage die äußere Wahrnehmung eines Unternehmens als Arbeitgeber und impliziert neben dem Ruf des gesamten Unternehmens auch besondere Charakteristika, die im Speziellen mit ihm in der Rolle als Arbeitgeber in Verbindung gebracht werden.[29] Das Arbeitgeberimage kann als ein verdichtetes, wertendes Vorstellungsbild der Arbeitgebermarke verstanden werden.[30]

2.3.3 Employer Brand

Ungleich des historisch entstandenen Arbeitgeberimages ist die Employer Brand (Arbeitgebermarke) durch die strategische Ausrichtung gekennzeichnet, die letztendlich auch zum Ziel hat das Arbeitgeberimage zu prägen. [31]

Um ein positives Image durch die Arbeitgebermarke nach außen zu tragen, ist es unerlässlich das gewünschte Zielbild von sich als Arbeitgeber zu definieren. Unternehmen müssen also eine klare Position als Arbeitgeber beziehen. Während die Employer

---

[27] Vgl. Trost, *Employer Branding*, S. 14 f.

[28] Vgl. Jochen Heming, *Aufbau einer Arbeitgebermarke in Handwerksbetrieben der Baubranche*, 2017, S.9.

[29] Vgl. „Arbeitgeberimage", zugegriffen 26. Januar 2018, https://www.employer-branding-now.de/employer-branding-wiki/arbeitgeberimage.

[30] Vgl. Monika Burg und Claudia Heuser, *Distribution und Handel in Theorie und Praxis: Festschrift für Prof. Dr. Dieter Ahlert*, hg. von Dieter Ahlert und Hendrik Schröder, 1. Aufl, Gabler Edition Wissenschaft (Wiesbaden: Gabler, 2009), S. 503.

[31] Vgl. Trost, *Employer Branding*, S. 16.

Brand das Ergebnis des strategischen Employer Branding ist, ist die Positionierung immer der Kern der Arbeitgebermarke. [32]

Die Arbeitgeberpositionierung beinhaltet die Definition der eigenen Employer Value Proposition (EVP), auch Unique Employment Proposition (UEP) genannt. Ähnlich dem Begriff Unique Selling Proposition (USP) aus dem Produktmarketing, zielt die EVP auf die Einzigartigkeit, also das Alleinstellungsmerkmal, als Arbeitgeber ab. Dabei spiegelt sie das Markenversprechen an potenzielle, künftige und bestehende Mitarbeiter wieder.[33] Eine gute EVP zeichnet sich durch drei Kriterien aus: sie ist glaubwürdig (von Mitarbeitern und Führungskräften akzeptiert), differenzierend (unterscheidet am Arbeitsmarkt von Wettbewerbern) und sie ist zukunftsweisend (fördert gewünschte Unternehmensentwicklungen).[34]

Daraus ergibt sich, dass das Thema der Markenbildung nicht nur Teil des Produktmarketings ist, sondern auch im Personalmarketing zunehmend an Relevanz gewinnt. Die Arbeitgebermarke fungiert also in ihrer Hauptrolle als Differenzierungsfaktor, um Wettbewerbsvorteile am Arbeitsmarkt zu erlangen. Somit ist die Employer Brand ein wichtiger Teil der gesamten Unternehmensführung und eng verknüpft mit der Unternehmensmarke, der Corporate Brand.[35] Die Unternehmensmarke wird als Markierung des Unternehmens in seiner Gesamtheit verstanden. Sie hat zum Ziel, durch das Zusammenspiel von Unternehmensstrategie, Geschäftstätigkeit und Image ein konsistentes allumfassendes Unternehmensbild nach innen und außen zu geben. Sie adressiert alle Anspruchs- und Einflussgruppen eines Unternehmens und funktioniert intern als Orientierung und Identifikationsfaktor für Mitarbeiter.[36]

Untergeordnet beschäftigt sich das Personalmarketing mit der Markierung des Unternehmens als Arbeitgeber. Kern dessen ist die Employer Brand, die während eines komplexen Prozesses (Employer Branding) - ähnlich dem des Corporate Branding entsteht. Auch wenn es scheint, als würde das Unternehmen hierbei zwei Rollen vertreten, besteht ein starker Zusammenhang zwischen Corporate Brand und Employer Brand, welcher durch Wechselwirkungen gekennzeichnet ist.[37]

---

[32] Vgl. Wolf Reiner Kriegler, *Praxishandbuch Employer Branding: mit starker Marke zum attraktiven Arbeitgeber werden*, 2. Auflage (Freiburg: Haufe-Lexware, 2015), S. 27.

[33] Vgl. Trost, *Employer Branding*, S. 16.

[34] Vgl. Kriegler, *Praxishandbuch Employer Branding*, S. 27.

[35] Vgl. Heming, *Aufbau einer Arbeitgebermarke in Handwerksbetrieben der Baubranche*, S. 7.

[36] Vgl. „Corporate Brand", zugegriffen 18. Dezember 2017, https://www.brand-trust.de/de/glossar/corporate-brand.php.

[37] Vgl. Miriam Rupp, *Storytelling für Unternehmen: mit Geschichten zum Erfolg in Content Marketing, PR, Social Media, Employer Branding und Leadership*, 1. Auflage (Frechen: mitp, 2016), S. 229 f.

Der Begriff Employer Brand wurde erstmals durch Ambler und Barrow Mitte der Neunziger Jahre als „the package of functional, economic and psychological benefits provided by employment, and identified with the employing company" definiert.[38]

Die Employer Brand soll, wie Marken im Allgemeinen, beim Adressaten bestimmte Eigenschaften, Werte und Merkmale ins Gedächtnis rufen. Außerdem soll die Arbeitgebermarke laut Beck im Speziellen „ein eigenständiges, unverwechselbares, einzigartiges mit Bedeutung versehendes Arbeitgeberbild mit einer Prägnanz aufweisen, die durch Klarheit und Benefits ebenso überzeugt wie durch einen relevanten Qualitätsstandard, durch Glaubwürdigkeit, Loyalität, Sympathie und Vertrauen, mit dem Potenzial, zielgruppenrelevante Veränderungen zu adaptieren." [39] Essenz der Employer Brand ist es folglich die EVP, also die Qualitäten als Arbeitgeber, die individuellen Unternehmenswerte, die Arbeitgebereigenschaften und das positive Image der Firma als Marke zu repräsentieren. Ziel dabei ist es, positive Assoziationen mit dem Unternehmen als Arbeitgeber bei den Zielgruppen hervorzurufen.[40] Ein hoher Bekanntheitsgrad der Arbeitgebermarke gibt der Zielgruppe, wie bei bekannten Marken im Allgemeinen, zudem Sicherheit bei Entscheidungen, auch ohne subjektive Erfahrungen mit dem Unternehmen als Arbeitgeber gesammelt zu haben.[41]

Autor	Definition Employer Brand
Backhaus, Kristin Tikoo, Surinder (2004)	"The employer brand establishes the identity of the firm as an employer. It encompasses the firm's value system, policies and behaviours towards the objective of attracting, motivating, and retaining the firm's current and potential employees"[42]

---

[38] Tim Ambler und Simon Barrow, „The Employer Brand ", *Journal of Brand Management* 4, Nr. 3 (Dezember 1996): S. 187

[39] Beck, *Personalmarketing 2.0*, S. 29.

[40] Vgl. Wolfgang Immerschitt und Marcus Stumpf, *Employer Branding für KMU: der Mittelstand als attraktiver Arbeitgeber* (Wiesbaden: Springer Gabler, 2014), S. 35

[41] Vgl. Heming, *Aufbau einer Arbeitgebermarke in Handwerksbetrieben der Baubranche*, S. 6.

[42] Vgl. Kristin Backhaus und Surinder Tikoo, „Conceptualizing and Researching Employer Branding", *Career Development International* 9, Nr. 5 (August 2004): S. 502, https://doi.org/10.1108/13620430410550754.

Autor	Definition Employer Brand
Petkovic, Mladen (2008)	„Die Arbeitgebermarke stellt im Ergebnis ein im Gedächtnis der umworbenen akademischen Fach- und Führungskräfte fest verankertes, unverwechselbares Vorstellungsbild eines Arbeitgebers dar. Dieses Vorstellungsbild umfasst zum einen ein Bündel subjektiv relevanter, personalpolitischer Attraktivitätsmerkmale. Zum anderen umfasst die Arbeitgebermarke entscheidungsrelevante Erfolgsdimensionen wie insbesondere Orientierung, Vertrauen und Identifikation."[43]
Von Walter, Benjamin Kremmel, Dietmar (2016)	„Die Arbeitgebermarke stellt die Summe aller Vorstellungen von einem Unternehmen als Arbeitgeber dar, die durch den Unternehmensnamen, das Unternehmenslogo und andere sichtbare Markenelemente ausgelöst werden."[44]

Tabelle 2: Weitere Definitionen des Begriffs Employer Brand

2.4 Historische Entwicklung des Employer Brandings

Schon in den 1970er Jahren kam in unterschiedlichen Branchen der Gedanke auf, dass Unternehmen ihren (potentiellen) Mitarbeitern Arbeitsplätze „verkaufen" müssen, als wären es Produkte. So fand auch damals schon eine gewisse Übertragung von dem Marketinggedanken für Produkte oder Dienstleistungen auf das Personalmanagement statt.[45] Ähnlich dem Absatzmarkt, stehen Unternehmen auf dem Personalmarkt/Arbeitsmarkt in Konkurrenz und es gilt auch hier Wettbewerbsvorteile zu generieren, um die besten Talente für sich zu gewinnen.

Die Begrifflichkeit der Employer Brand ist nach wie vor eine relativ neue. Als Wegbereiter der Arbeitgebermarke gilt auch heute noch das Konzept „The Employer Brand" von Ambler und Barrow aus dem Jahr 1996. Dieses Konzept wird damals als erster Versuch verstanden die klassischen Markenmanagement-Strategien auf das HRM zu übertragen und folglich die Employer Brand zu definieren. Hierzu wurden in einer Pilot-Studie 27 britische Unternehmen zu ihren HRM-Methoden und ihrer Einschätzung zur Relevanz der Markenbildung in diesem Kontext befragt. Die Studie zeigte damals auf, dass eine solche Übertragung von Marketingstrategien durchaus dazu geeignet ist, Vorteile am Arbeitsmarkt zu generieren.[46]

---

[43] Vgl. Petkovic, *Employer Branding*, S. 70.

[44] Vgl. Benjamin von Walter und Dietmar Kremmel, Hrsg., *Employer Brand Management: Arbeitgebermarken aufbauen und steuern* (Wiesbaden: Springer Gabler, 2016), S. 5 in Anlehnung an Meffert/Burmann (2005), Keller (2013).

[45] Vgl. Stotz und Wedel-Klein, Employer Branding, S. 10.

[46] Vgl. Ambler und Barrow, „The Employer Brand", S.185.

McKinsey veröffentlichte zum selben Thema 1997 eine Studie, und später ein Buch mit dem Titel „war for talent" (deutsch: der Kampf um Talente), wodurch die Unternehmen für die Arbeitgebermarke und -eigenschaften weiter sensibilisiert wurden. Die Unternehmensberatung stellte damals den „war for talents" als strategische geschäftliche Herausforderung und als entscheidenden Treiber der Unternehmensleistung heraus. Hierbei wurde deutlich, dass Unternehmen als Arbeitgeber klare Attraktivitätsmerkmale aufweisen müssen. Um den „Kampf um Talente" gewinnen zu können, müssen Präferenzen bei den Talenten generiert werden. Auch hier ist von der Herausarbeitung und Weiterentwicklung einer eindeutigen EVP, einer Art Nutzenversprechen der Unternehmen an die Mitarbeiter, die Rede. Das soll eine Antwort auf die Frage liefern, warum hochqualifizierte, motivierte Talente für das eigene anstatt für konkurrierende Unternehmen arbeiten sollten.[47]

2.5 Zielgruppen des Employer Brandings

Beim Employer Branding geht es darum, eine bestimmte Zielgruppe von sich zu überzeugen. Im Fokus stehen die Attraktivität des Arbeitgebers und die Steigerung der Bekanntheit.[48] Um die Konzeption des Employer Brandings zielführend zu gestalten, ist es von großer Bedeutung sich einen ganzheitlichen Überblick über die Zielgruppen und deren Intentionen zu verschaffen. Wie eine detaillierte Zielgruppenanalyse im Rahmen des gesamten Employer Branding Prozesses aufzubauen ist, wird in Kapitel 3.1.2 behandelt. Vorangestellt soll an dieser Stelle ein allgemeiner Überblick über die Zielgruppen gegeben werden.

Die Zielgruppen des Employer Brandings lassen sich aus Sicht des Unternehmens grob in vier Personenkreise unterteilen – künftige Mitarbeiter, potenzielle Mitarbeiter, aktuelle Mitarbeiter und ehemalige Mitarbeiter.[49] Dabei ist vor allem wichtig, zu beachten, dass die verschiedenen Zielgruppen aus Unternehmenssicht über differente Wissensstände bezüglich des Unternehmens verfügen. Auch die Art und Weise, wie die Gruppen im Sinne der Kommunikation erreicht werden können, bzw. welche Kontaktpunkte entstehen können, unterscheidet sich an dieser Stelle deutlich. So hat man mit einem künftigen Mitarbeiter in der Bewerbungsphase ganz andere Berührungspunkte, als mit einem langjährigen Mitarbeiter, der kurz vor einer Beförderung steht. Da diese Unterteilung aber nur darauf basiert, in welchem Zusammenhang die Personen mit dem Unternehmen stehen, gilt es weitere Unterteilungen vorzunehmen, um die Homogenität innerhalb der Gruppen zu erhöhen. Spezifizieren lassen sich diese etwa durch

---

[47] Vgl. Elizabeth G. Chambers u. a., „The war for talent", McKinsey Quarterly: The Online Journal McKinsey & Co., Nr. 3 (1998): S. 46, http://www.executivesondemand.net/managementsourcing/images/stories/artigos_pdf/gestao/The_war_for_talent.pdf.

[48] Vgl. Rowold, *Human Resource Management Lehrbuch für Bachelor und Master*, S. 138.

[49] Vgl. Beck, *Personalmarketing 2.0*, S. 35.

die Einteilung der Zielgruppen in Absolventengruppen derselben Studiengänge oder auch durch die Klassifizierung nach Generationen, da sich hier eine besonders hohe Übereinstimmung der Präferenzen zeigt.[50] Erstmals arbeiten heute vier Generationen gemeinsam am Arbeitsmarkt: Die geburtsstarken Generationen der Babyboomer (Geburtsjahrgänge von 1950 bis 1965) und der Generation X (Geburtsjahrgänge zwischen 1965 und 1980) und die geburtsarmen Generationen Y (Geburtsjahrgänge 1981 bis 1995) und Z (Geburtsjahrgänge ab 1995). Jede dieser Generationen weist individuelle und stark voneinander abweichende Eigenschaften, Werte, Einstellungen und Anforderungen in Bezug auf die Arbeitswelt auf. Um als Arbeitgeber generationsbezogenes Employer Branding zu betreiben, ist es notwendig die Bedürfnisse, Wünsche und Erwartungen, sowohl der Zielgruppen im Allgemeinen, als auch der unterschiedlichen Generationen im Detail, zu kennen.[51] Im Moment werden die meisten Personalmarketingkampagnen von der Generation X für die Generationen Y und Z gesteuert. Umso höher also die Kenntnis der Generation X über die nachfolgenden Generationen ist und umso weniger diese von den eigenen generationsbedingten Wünschen, Bedürfnissen und Erwartungen ausgeht, desto eher kann der Gefahr der Interessensverfehlung im Employer Branding vorgebeugt werden.[52]

2.6 Interne und externe Aspekte des Employer Brandings

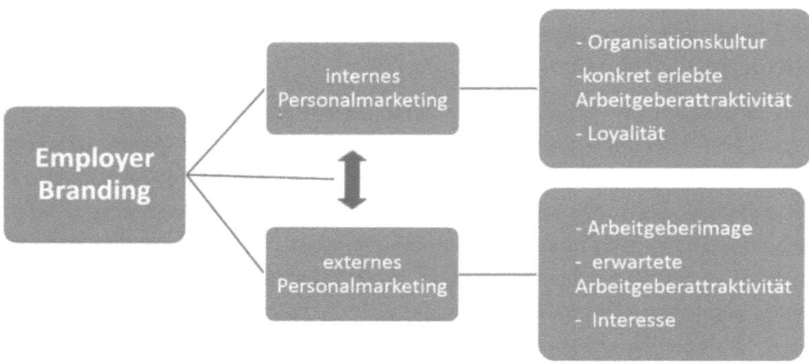

Abbildung 1: Externes und internes Personalmarketing[53]

Employer Branding und die damit verbundene gesteigerte Arbeitgeberattraktivität stellt das übergeordnete Ziel und gleichzeitig die Schnittstelle des internen und externen

---

[50] Vgl. Trost, *Employer Branding*, S. 21.

[51] Vgl. Hesse und Mattmüller, *Perspektivwechsel im Employer Branding*, S. 53 ff.

[52] Vgl. Trost, *Employer Branding*, S. 21.

[53] Quelle: Eigene Darstellung in Anlehnung an Rowold, *Human Resource Management Lehrbuch für Bachelor und Master*, S. 137.

Personalmarketings dar. Ähnlich dem klassischen Produktmarketing wird auch beim Zusammenspiel des internen und externen Personalmarketings eine langfristige Markenbindung (Employer Brand) angestrebt.[54] Das Personalmarketing kann also als das Tool zur zielgerichteten Umsetzung des Employer Brandings angesehen werden.[55]

2.6.1 Das interne Personalmarketing

Das interne Personalmarketing bezieht sich einerseits auf instrumentelle Maßnahmen der HR-Prozesse, vom Eintritt der Mitarbeiter ins Unternehmen, über deren Bindung, bis hin zum Austritt. Andererseits spielt das Thema der Mitarbeiterführung, welche Führungsstil sowie Führungskräfteentwicklung umfasst, auch eine wichtige Rolle beim internen Teil des Employer Brandings. Große Relevanz haben hierbei auch die Instrumente der internen Employer-Branding-Kommunikation des Unternehmens. Dazu gehören beispielsweise das Intranet, Mitarbeitergespräche oder auch das Schaffen von Treffpunkten für den kommunikativen Austausch der Mitarbeiter untereinander.[56]

Das Ziel des internen Personalmarketings ist es, die Leistung der Mitarbeiter zu steigern bzw. zu erhalten. Außerdem soll eine Bindung an das Unternehmen geschaffen werden, um die Loyalität gegenüber dem Arbeitgeber positiv zu beeinflussen, mit dem Effekt die Wechselbereitschaft/Fluktuation des Personals zu verringern. Damit soll sichergestellt werden, dass auch in Zukunft auf einen gefestigten Personalstamm aus Fach- und auch Führungskräften zurückgegriffen werden kann. Maßnahmen des internen Personalmarketings zielen folglich darauf ab das Commitment (dt.: Engagement/Leistungsbereitschaft) und die Solidarität der Mitarbeiter durch konkret erlebte Arbeitszufriedenheit zu stärken und die Fluktuationsrate zu senken.[57]

Faktoren, welche die Zielerreichung des internen Personalmarketings beeinflussen können, sind die Vergütung, Zusatzleistungen, die Führungskultur, Entwicklungsmöglichkeiten, das Arbeitsumfeld, und auch das externe Personalmarketing. Je besser diese Aspekte für die Arbeitnehmer im Einzelnen ausfallen, desto höher wird das Unternehmen intern als guter Arbeitgeber angesehen und so wird es schlussendlich auch nach außen vertreten. In Anlehnung an Schuhmacher und Geschwill werden im Folgenden die einzelnen internen Aspekte von Personalmarketing noch einmal genauer erläutert:[58]

---

[54] Vgl. Christiana Nicolai, *Personalmanagement*, 3., überarb. und erw. Aufl, UTB Wirtschaftswissenschaften, 2014, S. 19.

[55] Vgl. Stotz und Wedel-Klein, *Employer Branding*, S. 11.

[56] Vgl. Stotz und Wedel-Klein, S. 11.

[57] Vgl. Rowold, *Human Resource Management Lehrbuch für Bachelor und Master*, S. 136 f.

[58] Vgl. Schuhmacher und Geschwill, *Employer Branding*, S. 40 ff.

Die direkte Vergütung

Die individuelle Bewertung der Vergütung wird beeinflusst durch mehrere Faktoren. Die Höhe der Fixvergütung spielt hierbei die Hauptrolle. Sonderzahlungen, wie Weihnachtsgeld und Urlaubsgeld, sind zusätzliche Leistungen, die sich positiv auf die gesamte Bewertung der Vergütung auswirken. Auch die Möglichkeit zur Vergütung durch besondere Leistung, erhöht nicht nur die Motivation zur Leistung, sondern auch die intern erlebte Arbeitgeberattraktivität. Nach Herzberg zählt die Vergütung zu den Hygienefaktoren.[59]

Die positive Ausprägung der Vergütung verhindert die Entstehung von Unzufriedenheit, trägt jedoch nicht zu einer generellen Steigerung der Zufriedenheit bei.[60]

- Wirkung auf Mitarbeiterbindung: Normatives Commitment (Gefühl der moralischen Verpflichtung im Unternehmen zu bleiben)[61] und zum Teil auch affektives Commitment (höchste Form des Commitments; emotionale Bindung und Identifikation der Mitarbeiter mit dem Unternehmen).[62]

Zusatzleistungen (Fringe Benefits)

Fringe Benefits stellen Vergütungsbestandteile dar, die zusätzlich zur direkten Vergütung entweder kollektiv, individuell oder aufgrund der Zugehörigkeit zu speziellen Mitarbeitergruppen gewährt werden. Beispiele hierfür sind zweckgebundene Geld- und Sachprämien, Betriebsveranstaltungen, Sportangebote im Rahmen des unternehmenseigenen Gesundheitsmanagements, vermögenswirksame Leistungen und auch Versicherungen (z.B. Zusatzkrankenversicherung, Unfallversicherung, Auslandskrankenversicherung, etc.). Als Zusatzleistung werden in vielen Unternehmen auch Zuschüsse zu Kindergartenplätzen gewährt, um die Kombination aus Beruf und Familienplanung zu fördern. Eine weitere steuerfreie Art von Zusatzleistungen stellt die klassische Bewirtung bei Firmenveranstaltungen oder Firmenausflügen dar.[63]

- Wirkung auf die Mitarbeiterbindung: Normatives Commitment und Einfluss auf das Continuance Commitment (Ausdruck eines Nutzenkalküls: hier werden Vor- und Nachteile abgewogen, die das Verbleiben im Unternehmen für den einzelnen Mitarbeiter mit sich bringt).[64]

---

[59] Vgl. Schuhmacher und Geschwill, S. 41.

[60] Vgl. „Definition » Hygienefaktoren « | Gabler Wirtschaftslexikon", zugegriffen 16. Januar 2018, http://wirtschaftslexikon.gabler.de/Definition/hygienefaktoren.html.

[61] Vgl. „Definition » Markencommitment « | Gabler Wirtschaftslexikon", zugegriffen 16. Januar 2018, http://wirtschaftslexikon.gabler.de/Definition/markencommitment.html.

[62] Vgl. Schuhmacher und Geschwill, *Employer Branding*, S. 20.

[63] Vgl. Schuhmacher und Geschwill, S. 42.

[64] Vgl. Schuhmacher und Geschwill, S. 20.

Arbeitsumfeld

Parameter hierbei sind die angebotenen Arbeitszeitmodelle, die Ausstattung des Arbeitsplatzes (sowohl im Unternehmen als auch das Home-Office), die Lage und die Größe des Büros sowie dessen Sauberkeit, die Parkplatzsituation und die Erreichbarkeit der Arbeitsstätte. Zusätzlich zählen die Definition von Sicherheitsstandards, vorbeugender Arbeitsschutz und das Gesundheitsmanagement zu Aspekten des Arbeitsumfelds. Auch die allgemeine Unternehmenskommunikation und Durchlässigkeit von Abteilungen und Hierarchien spielt hier eine große Rolle.[65]

- Wirkung auf die Mitarbeiterbindung: Affektives und normatives Commitment. Durch attraktive Zeitmodelle mit mehr „Zeitguthaben" entsteht Bindung zum Unternehmen. Zudem wird durch die Möglichkeit zur Vereinbarkeit von Privat- und Arbeitsleben eine emotionale Bindung geschaffen.[66]

Führungskultur

Unter Führungskultur versteht man in diesem Zusammenhang die Ausprägung der Delegation von Verantwortung und das Leben der Führungsgrundsätze. Also auch inwieweit man sich als Mitarbeiter in das Unternehmen einbringen und es dadurch individuell prägen kann. Hinterfragt wird hierbei inwieweit eine individuelle Förderung des Personals stattfindet und wie durchgängig die Kommunikation gestaltet ist. Dazu gehört auch die Feedbackkultur des Unternehmens, Mitarbeiterbefragungen und die generelle Informationspolitik (Zugänglichkeit, Medien, Kommunikation). Ebenso wird hierbei betrachtet wie im Unternehmen mit Fehlern umgegangen wird, ob Probleme als Chancen verstanden werden und wie es um die Lernkultur im Unternehmen steht.[67]

- Wirkung auf die Mitarbeiterbindung: Bewirkt die Entstehung der stärksten Form des Commitments- die des affektiven Commitments. Die Führungskultur hat folglich einen hohen Anteil daran, wie ausgeprägt die Mitarbeiterbindung ist bzw. wie sich diese entwickelt.[68]

---

[65] Vgl. Schuhmacher und Geschwill, S. 44 ff.
[66] Vgl. Schuhmacher und Geschwill, S. 44 ff.
[67] Vgl. Schuhmacher und Geschwill, S. 47 f.
[68] Vgl. Schuhmacher und Geschwill, S. 47 f.

Entwicklungsmöglichkeiten

Die Möglichkeiten zur Entwicklung beziehen sich in diesem Kontext auf Entwicklungen aller Art, wie zum Beispiel die Vergütungsentwicklung, zertifizierte Qualifizierungsmöglichkeiten bzw. deren Finanzierung im Sinne von Weiterbildungen und Förderungen. Auch die Entwicklung des Unternehmens am Markt bzw. die Steigerung des Marktwertes (Employability) sind hier von Bedeutung.[69]

- Wirkung auf die Mitarbeiterbindung: Normatives und affektives Commitment. Finanzierung von Weiterbildung schafft Verpflichtung. Die Möglichkeit, eigene Bedürfnisse in Bezug auf Weiterentwicklung und Karriere zu erfüllen, schafft emotionale Bindung.[70]

Die internen Aspekte des Personalmarketings, und damit auch des Employer Brandings, machen die Arbeitgeberpositionierung für die Mitarbeiter im Unternehmen direkt erlebbar. Zusammenfassend lässt sich festgehalten, dass sie die Basis für die zielgerichtete Entwicklung der tatsächlichen Arbeitgeberqualität bilden.[71]

2.6.2 Das externe Personalmarketing

Bei den Maßnahmen des externen Personalmarketings geht es in erster Linie darum, sich potentiellen Mitarbeitern positiv zu präsentieren, um deren Interesse für das Unternehmen als Arbeitgeber zu wecken. Im Mittelpunkt stehen die Profilierung und das Rekrutieren zur Gewinnung neuer Mitarbeiter. Eine große Rolle hierbei spielt das Thema Authentizität. Die Werte und Eigenschaften die im Kontext der Arbeitgebermarke an potenzielle Bewerber vermittelt werden, müssen intern bereits realisiert sein, andernfalls greift das externe Employer Branding nicht.[72] Das Kommunizieren von fiktiven positiven Werten und Eigenschaften führt als Konsequenz zur Unglaubwürdigkeit des Arbeitgebers und folglich zu einer Verschlechterung des Arbeitgeberimages und der Arbeitgeberqualität.[73]

---

[69] Vgl. Schuhmacher und Geschwill, S. 48 f.

[70] Vgl. Schuhmacher und Geschwill, S. 48 f.

[71] Vgl. Stotz und Wedel-Klein, *Employer Branding*, S. 11.

[72] Vgl. Nicolai, *Personalmanagement*, S.21 f.

[73] Vgl. Stotz und Wedel-Klein, *Employer Branding*, S. 10.

Zum externen Auftritt des Personalmarketings und somit auch des externen Employer Branding, zählen alle Kontaktpunkte, die im externen Umfeld entstehen können. Es beschreibt die Kommunikation der Unternehmenswerte und des Arbeitgeberimages nach außen. Dazu zählen Messeauftritte, Stellenanzeigen, Imagekampagnen, Sponsorings und die klassische Werbung. Zielgruppen des externen Employer Branding stellen Schüler, Studenten, spezielle Berufsgruppen und Facharbeiter, Politiker und Interessensverbände, wie zum Beispiel Arbeitgeber- und Wirtschaftsverbände, dar. Bei der Planung von Employer Branding Kampagnen müssen alle Aspekte des externen Employer Branding mit einbezogen und aufeinander abgestimmt werden, um erfolgreich auf bestimmte Bedürfnisse oder Umstände reagieren zu können. Dadurch werden die Personenkreise gemäß der vorangegangenen sorgfältigen Planung auf verschiedene Art und Weise angesprochen. Eine beliebte Möglichkeit ist es die Zielgruppen durch Partnerschaften leichter zu erreichen. Partnerschaften werden durch Zahlungen und somit direkte Kosten für das externe Employer Branding geschlossen und erfordern eine gezielte abteilungsübergreifende Kommunikation und Absprache. Unternehmen können so zum Beispiel mit unterschiedlichen Hochschulen Partnerschaften abschließen und dadurch leichteren Zugang zu Studenten und Absolventen, also den „High-Potentials der Zukunft", schließen. Beide Seiten profitieren von dieser Kooperation. Unternehmen haben so die Möglichkeit Veranstaltungen für Studenten zu publizieren, Werbeflächen zu nutzen oder auch Kontaktdaten von Studenten zu erhalten, die auf der Suche nach einem potentiellen Arbeitgeber für ihren Berufseinstieg sind.[74]

Instrumentelle Maßnahmen im Rahmen des externen Employer Branding beziehen sich in erster Instanz auf das Networking, also den Aufbau und die Pflege beruflicher Kontakte. Durch Fachvorträge an Partnerschafts-Universitäten oder ein gut durchdachtes Praktikantenmanagement wird das Interesse für das Unternehmen als Arbeitgeber geweckt. Ab dem Zeitpunkt der Bewerbungsphase greifen andere Maßnahmen im externen Employer Branding. In dieser Phase kommt es darauf an, wie positiv der Bewerbungsprozess für potentielle Mitarbeiter gestaltet ist. Die aktive Pflege von Bewerberpools und ein benutzerfreundliches Bewerbermanagement sind, vor allem für mittlere und große Unternehmen mit höherem Bewerberaufkommen, essentiell.[75] Wie wichtig der Bewerbungsprozess für die erfolgreiche Rekrutierung ist, beweist eine Studie zum Thema Mobile Recruiting von meinestadt.de 2017. Diese zeigt auf, dass selbst kleine Fehler im Bewerbungsprozess seitens der Unternehmen zu einer hohen Anzahl an Bewerbungsabbrüchen führen können. Demnach gaben 46,6 % der befragten Fachkräfte an, sie hätten bereits Bewerbungen abgebrochen, schlicht weil die

---

[74] Vgl. Schuhmacher und Geschwill, *Employer Branding*, S. 37 ff.

[75] Vgl. Stotz und Wedel-Klein, Employer Branding, S. 11.

Bewerbungsseiten/-portale am Mobiltelefon nicht gut nutzbar waren. Das bedeutet, dass nahezu jeder zweite Bewerber verloren geht, weil der Bewerbungsprozess nicht modern genug gestaltet und nutzbar ist.[76] Daraus resultiert, dass es sich aus Sicht der Unternehmen definitiv lohnt in die Ausarbeitung des Bewerbermanagements zu investieren, um vermeidbaren Bewerbungsflauten, und damit einhergehenden Mitarbeiterengpässen vorzubeugen.

Das externe Employer Branding vermittelt in Summe die Arbeitgeberpositionierung nach außen und bildet die Basis für die Entwicklung des Arbeitgeberimages[77].

---

[76] Vgl. meinestadt.de, „Fast jeder zweite Bewerber geht verloren", *meinestadt.de GmbH* (blog), zugegriffen 19. Januar 2018 http://unternehmen.meinestadt.de/blog/2017/08/fast-jeder-zweite-bewerber-geht-verloren/.

[77] Vgl. Stotz und Wedel-Klein, Employer Branding, S. 11.

3 Der Prozess des Employer Brandings

Employer Branding beginnt immer innerhalb des Unternehmens. Das bedeutet, die organisatorische Identität des Unternehmens, inbegriffen der Stärken und Schwächen, muss im Vorhinein verstanden werden. Nach einer tiefgreifenden Analyse, sollte Klarheit darüber herrschen, was das Unternehmen als Arbeitgeber einzigartig macht, um diese Vorzüge anschließend planmäßig zu kommunizieren und am Arbeitsmarkt zu etablieren. Ziel dessen ist es, dass Arbeitnehmer eindeutige Gründe kennen, weswegen sie für das Unternehmen tätig sein wollen und es der Konkurrenz vorziehen.[78] Die Definition der Employer Value Proposition (EVP) ist folglich Kern des Prozesses und determiniert alle Arbeitgebermarken-Kampagnen.[79]

Der Prozess des Employer Brandings kann „als Weg zur attraktiven Arbeitgebermarke" verstanden werden.[80] Der gezielte Aufbau der eigenen Arbeitgebermarke verläuft in mehreren Phasen und wird stetig weitergeführt. Bis zur langfristigen Etablierung der eigenen Employer Brand können mehrere Jahre vergehen. Im Prozess der Markenbildung bleibt die Marke niemals starr. In der Literatur finden sich viele Herangehensweisen, wie dieser Prozess gegliedert sein kann, jedoch lassen sich übergreifend vier Phasen feststellen: die Analyse, die Planung, die Integration und die Kontrolle.[81]

Bevor der Prozess des Employer Brandings beginnen kann, müssen einige strategischen Vorkehrungen getroffen werden. Wie bereits erwähnt, sind das Employer Branding und die Arbeitgebermarke selbst nie isoliert vom gesamten Unternehmensgeschehen zu betrachten. Die Employer Brand ist der Corporate Brand untergeordnet und somit auch ein Teil derer. Das bedeutet das Employer Branding ist nicht nur eine Angelegenheit des Personalmanagements ist, sondern auch für das Personalmarketing, die Unternehmenskommunikation, das Marketing sowie die gesamte Geschäftsführung und das Management von Relevanz besitzt.

---

[78] Vgl. Parment, *Die Generation Y - Mitarbeiter der Zukunft*, S. 151 f.

[79] Vgl. Trost, *Employer Branding*, S. 18.

[80] Immerschitt und Stumpf, *Employer Branding für KMU*, S. 47.

[81] Vgl. Immerschitt und Stumpf, S. 47 ff.

Um erfolgreich Employer Branding zu betreiben, müssen also all diese Bereiche in den Prozess involviert werden, um letztendlich konform der allgemeinen Unternehmensziele agieren zu können. Hierbei spielt auch die Kongruenz innerhalb der Marken des Unternehmens eine entscheidende Rolle.[82]

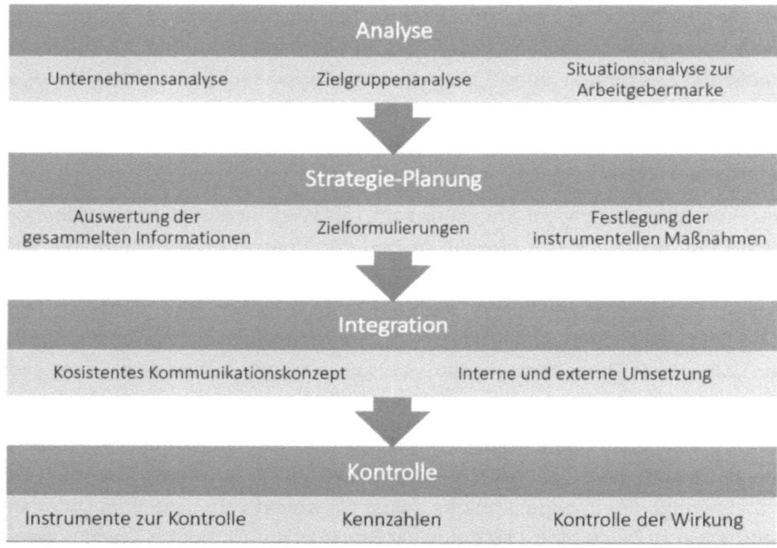

Abbildung 2: Prozess des Employer Brandings[83]

3.1 Analyse

Untersuchungsgegenstand der Analysephase ist sowohl das Unternehmen in seiner Gesamtheit, als auch die externe Umwelt. Ziel ist das Sammeln von aussagekräftigen Daten, um am Ende der Analyse ein klares Bild vom eigenen Unternehmensimage, den Eigenschaften als Arbeitgeber, dem Arbeitgeberimage und dem Bedarf des Unternehmens zu bekommen. Die Analyse ermöglicht auch ein besseres Verständnis der Unternehmensprozesse, der eigenen Stärken und Schwächen sowie des Marktes. Zusätzlich können Bedürfnisse und Wünsche der Zielgruppe klarer definiert und erkannt

---

[82] Vgl. Nicole Klein und ScienceFactory, Hrsg., *Employer Branding: wie können Unternehmen den „War for Talents" gewinnen und qualifizierte Mitarbeiter binden?* Wirtschaft (München: ScienceFactory, 2015), S. 14.

[83] Quelle: Eigene Darstellung in Anlehnung an Immerschitt und Stumpf, *Employer Branding für KMU*; Yvonne Buckesfeld, *Employer Branding: Strategie für die Steigerung der Arbeitgeberattraktivität in KMU*, 2016; Stotz und Wedel-Klein, *Employer Branding*.

werden.[84] Da die identitätsbasierte Markenführung der Employer Brand von der Inside-Out und Outside-In Perspektive ausgeht, werden sowohl interne Aspekte, als auch externe Aspekte während der Analyse betrachtet. Grund dafür ist, dass so ein realitätsgetreues und vor allem ganzheitliches Bild entstehen kann – von innen, wie von außen. Gerade die eigenen Schwächen sind ein wichtiger Teil dessen, da bestehende und auch zukünftige Mitarbeiter, sobald sie Teil des Unternehmens sind, diese bemerken werden. Daher ist es sinnvoll, diese Aspekte schon während Analyse miteinzubeziehen.[85]

Die Analyse liefert wichtige Informationen, auf denen die Strategie, die Integration und die Kontrolle aufgebaut werden können. Zusammengesetzt aus der allgemeinen Unternehmensanalyse, der Zielgruppenanalyse und der Situationsanalyse zur eigenen Arbeitgebermarke bildet diese Phase das Fundament für das Employer Branding.[86]

Ein geeignetes Analysetool für die Unternehmensanalyse und die Situationsanalyse bildet die sogenannte SWOT-Analyse (auch Stärken-Schwächen-Analyse genannt). Dieses Tool gibt über die interne Analyse von Stärken (Strengths) und Schwächen (Weaknesses) und über die externe Analyse der Chancen (Opportunities) sowie der Risiken (Threats) einen ganzheitlichen Überblick darüber, wie sich ein Unternehmen strategisch positionieren kann und welche Aspekte womöglich noch verbessert werden sollten.[87]

SWOT-Analyse		Externe Analyse	
		Opportunities	Threats
Interne Analyse	Strengths	SO	ST
	Weaknesses	WO	WT

Abbildung 3: SWOT-Analyse[88]

Bei der Analyse der internen Stärken und Schwächen sollen die Fragen „Worin sind wir als Unternehmen gut?" und „Wo können wir uns verbessern?" beantwortet werden. Die externen Faktoren, Chancen und Risiken, werfen in der Analyse folgende Fragen auf: „Wie können wir unsere Stärken am Markt optimal entfalten?" und „Was sind

---

[84] Vgl. Katja Nagel, *Employer Branding: starke Arbeitgebermarken jenseits von Marketingphrasen und Werbetechniken, mit sieben Fallbeispielen* (Wien: Linde international, 2011), S. 109.

[85] Vgl. Burg und Heuser, *Distribution und Handel in Theorie und Praxis*, S. 505.

[86] Vgl. Stotz und Wedel-Klein, *Employer Branding*, S. 90.

[87] Vgl. Christian Schawel und Fabian Billing, „SWOT-Analyse", in *Top 100 Management Tools*, von Christian Schawel und Fabian Billing (Wiesbaden: Gabler Verlag, 2012), S. 249, https://doi.org/10.1007/978-3-8349-4105-3_82.

[88] Quelle: Eigene Darstellung in Anlehnung an Stotz und Wedel-Klein, *Employer Branding*, 2009, S. 90.

externe, marktbezogene Gefahren oder kritische Faktoren, die es zu beachten gilt?".
Nachdem diese Fragen sorgfältig beantwortet sind, können - wie in Abb. 3 aufgezeigt
- weitere Aspekte reflektiert werden: [89]

- **SO**-Handlungswege: Wie können wir die eigenen Stärken einsetzen, um externe Chancen wahrnehmen zu können?

- **ST**-Handlungswege: Wie können wir die eigenen Stärken einsetzen, um marktbezogene Risiken zu vermeiden oder zu verringern?

- **WO**-Handlungswege: Welche Schwächen müssen wir abbauen, um bestimmte externe Chancen nutzen zu können?

- **WT**-Handlungswege: Welche Schwächen müssen wir abbauen, um bestimmte externe Risiken zu vermeiden oder zu verringern?

3.1.1 Unternehmensanalyse

Sich selbst als Unternehmen zu analysieren, stellt eine große Herausforderung dar, ist
aber essentiell für den Erfolg, denn „wer nicht weiß, wo er steht, wird kaum einen Weg
zum Ziel finden!".[90] Die Kombination aus interner und externen Betrachtung gilt auch
für die Unternehmensanalyse. So werden alle Einflussfaktoren, die bei einem Unternehmen
intern, wie auch durch die relevante externe Umwelt entstehen, berücksichtigt.

Die interne Unternehmensanalyse kann in ihren Untersuchungsgegenständen stark
variieren. Sie umfasst im Wesentlichen aber meist die gesamte interne Unternehmenssituation.
Die Identifikation der eigenen Stärken und Schwächen (SWOT-Analyse), die
Untersuchung des Markenkerns, sowie das dadurch implizierte Nutzenversprechen
sind ebenfalls relevante Bestandteile.[91] Die Unternehmenssituation zu beurteilen erfordert
große Weitsicht, da in diesem Zusammenhang viele Faktoren, wie zum Beispiel
die Anzahl der Mitarbeiter oder auch die Art und die Geschichte des Unternehmens,
eine Rolle spielen. Familienunternehmen besitzen ganz andere Anforderungen an das
Employer Branding als Großkonzerne, welche in den folgenden Schritten differenziert
behandelt werden müssen.[92] Um den Markenkern der Employer zu durchleuchten, ist
es von Relevanz sich mit der Markenpersönlichkeit und den zentralen Markenwerten

---

[89] Vgl. Stotz und Wedel-Klein, S. 90.

[90] Arnold Weissman, *Die großen Strategien für den Mittelstand: die erfolgreichsten Unternehmer verraten ihre Rezepte*, 2., aktualisierte Aufl (Frankfurt am Main: Campus-Verl, 2011), S. 83.

[91] Vgl. Alfred Lukasczyk, Armutat, Sascha, und Seng, Anja, *Employer Branding: die Arbeitgebermarke gestalten und im Personalmarketing umsetzen*, hg. von Deutsche Gesellschaft für Personalführung, 2. Aufl, DGFP-PraxisEdition 102 (Bielefeld: Bertelsmann, 2012), S. 15.

[92] Vgl. Lukasczyk, Armutat, Sascha, und Seng, Anja, S. 24.

auseinanderzusetzen. Da letztere den Markenkern bilden, lässt sich aus ihnen zudem die EVP ableiten.[93]

Außerdem sind die Unternehmensvision, das Marken-Portfolio des Unternehmens und auch die Unternehmenskultur von hoher Bedeutung für die interne Analyse. Diese Faktoren wirken sich direkt auf die Eigenschaften als Arbeitgeber aus.[94] Unternehmensvisionen sind angestrebte Zielvorstellungen in Bezug auf die Unternehmenszukunft. Sie sollen Stolz unter den Mitarbeitern verbreiten und im Bestfall mit den persönlichen Visionen der Mitarbeiter harmonieren. Sie haben folglich zum Ziel, Mitarbeiter zu herausragenden Leistungen zu motivieren.[95] Die Analyse des Marken-Portfolios gibt Unternehmen hingegen Aufschluss darüber, ob bereits bekannte Produktmarken bestehen und ob das Unternehmen über eine starke Corporate Brand, die zu einem hohen Bekanntheitsgrad in der breiten Öffentlichkeit beiträgt, verfügt. Die Analyse der Unternehmenskultur kann einerseits durch die Betrachtung von Unternehmenswerten und wie diese gelebt werden, andererseits durch die Beurteilung der Ausprägung des Zusammengehörigkeitsgefühls innerhalb des Unternehmens erfolgen.[96]

Um der Anforderung der Vollständigkeit gerecht zu werden, sollen an dieser Stelle noch weitere Einflussfaktoren genannt werden, jedoch würde es den Rahmen dieser Arbeit übersteigen, auf jeden einzelnen detailliert einzugehen. Zu den internen Einflussfaktoren auf das Employer Branding können darüber hinaus folgende Aspekte zählen:[97]

- Die Unternehmensstrategie
- Die Produkte und Dienstleistungen des Unternehmens
- Die Unternehmensorganisation
- Die Unternehmenssituation
- Die gesamte Personalmanagementstrategie
- Die Grundsätze der Geschäftspolitik
- Die Personalmanagementorganisation
- Die Personalmanagementprozesse
- Die Charakteristika der Arbeitsverhältnisse

---

[93] Vgl. Birgit Sponheuer, *Employer Branding als Bestandteil einer ganzheitlichen Markenführung*, 1. Aufl, Gabler Research Innovatives Markenmanagement (Wiesbaden: Gabler, 2010), S. 218.
[94] Vgl. Klein und ScienceFactory, *Employer Branding*, S. 16.
[95] Vgl. Weissman, *Die großen Strategien für den Mittelstand*, S. 32.
[96] Vgl. Lukasczyk, Armutat, Sascha, und Seng, Anja, *Employer Branding*, S. 23.
[97] Vgl. Lukasczyk, Armutat, Sascha, und Seng, Anja, S. 22-26.

Während bei der internen Unternehmensanalyse das Unternehmen selbst, isoliert im Fokus steht, werden bei der externen Analyse die äußeren Rahmenbedingungen, die das Agieren der Organisation beeinflussen, untersucht. Da im Employer Branding immer ein kongruentes Zielbild von extern und intern angestrebt wird, darf also auch hier das externe Umfeld keinesfalls außer Acht gelassen werden. Die Analyse der unternehmensexternen Einflussfaktoren (Umfeldanalyse) dient der Vervollständigung des Gesamtbildes. Das aktuelle Image des Unternehmens kann zum Beispiel bei externen Stakeholder im Positiven, wie auch im Negativen, abweichen.[98] Hilfreiche Instrumente zur Untersuchung und Identifikation externer Faktoren stellen hier die PEST- oder die Stakeholderanalyse aus dem klassischen Management dar.[99] Nachfolgende Abbildung gibt einen Überblick über die unternehmensexternen Einflussfaktoren auf das Employer Branding:

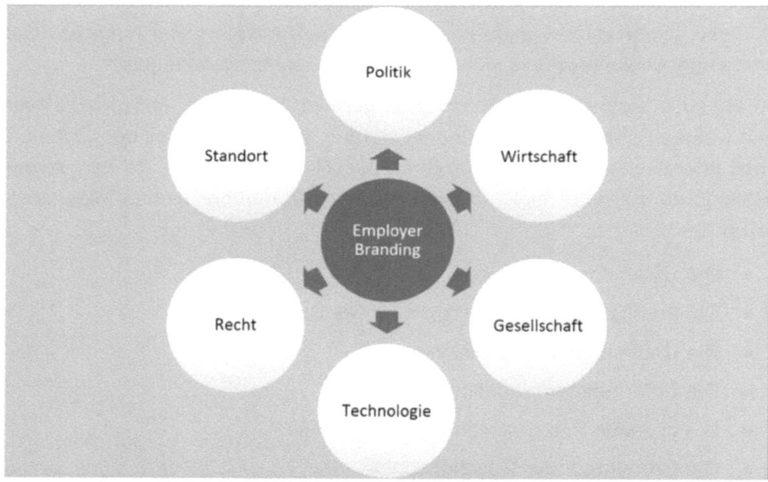

Abbildung 4: Unternehmensexterne Einflussfaktoren[100]

Das Employer Branding kann in diesem Zusammenhang als Schnittstelle zwischen dem Unternehmen und der Umwelt, in der es agiert, betrachtet werden. Hier finden alle Faktoren Berücksichtigung, die maßgeblich Einfluss auf die Arbeitgeberattraktivität haben. Wie bereits erwähnt, nehmen gesellschaftliche Faktoren wie der demographische Wandel, entscheidenden Einfluss auf das Unternehmen und die Personal-

---

[98] Vgl. Stotz und Wedel-Klein, *Employer Branding*, S.94.

[99] Vgl. Lukasczyk, Armutat, Sascha, und Seng, Anja, *Employer Branding*, 15 f.

[100] Quelle: Eigene Darstellung in Anlehnung an Klein und ScienceFactory, *Employer Branding*, S. 16.

situation. Auch technische Innovationen wie beispielsweise neue Kommunikationska-näle, können die Art und Weise des Employer Brandings massiv beeinflussen. Aus wirtschaftlicher Sicht können, z.B. die Veränderung der Wettbewerbssituation, die Ent-wicklung des Arbeitsmarktes oder auch branchenspezifische Gegebenheiten hinsicht-lich des Images oder der Attraktivität, Einfluss auf die eigene Stellung des Unterneh-mens haben und sollten bis zur Planung sorgfältig spezifiziert werden.[101]

3.1.2 Zielgruppenanalyse

Employer Branding hat zum Ziel Menschen von Unternehmen als Arbeitgeber zu be-geistern. Das bedeutet die definierte EVP und ein Großteil des Employer Brandings Prozesses muss die Präferenzen der Zielgruppe ansprechen und sich an diesen ori-entieren. Unternehmen möchten in den meisten Fällen mehrere Zielgruppen unter-schiedlicher Altersgruppen, Berufsarten und Lebenssituationen ansprechen. Die Her-ausforderung dabei ist es, dass die Interessenslagen dieser Personenkreise meist dif-ferent sind und die Ansprache darauf individuell abgestimmt werden muss. Die Ziel-gruppenanalyse ermöglicht es, die definierten Zielgruppen eingängig zu durchleuch-ten, um Bedürfnisse und Handlungskonzepte für den Employer Branding Prozess ab-zuleiten.[102]

Im Kapitel 2.4 wurde bereits ein allgemeiner Überblick über Zielgruppen im Employer Branding gegeben. Hierbei wurde besonders auf Faktoren zur Unterscheidung von Zielgruppen nach Generationen, Berufsstatus und Karrierestandpunkt eingegangen. Im folgenden Abschnitt der Arbeit soll die Differenzierung nach internen und externen Zielgruppen als Basis dienen. Diese Unterteilung bietet für die Planung- und Umset-zung der Employer Branding Strategie eine grundlegende Orientierung. Die Personen-kreise, die bereits Teil des Unternehmens sind, können auf eine andere Art erreicht werden bzw. behandelt werden, als eine externe Zielgruppe. Diese befinden sich ent-weder noch nicht oder nicht mehr im Unternehmen. Eine spezifischere Einteilung, wie beispielsweise die nach Generationen oder Studiengängen, kann nach der ersten gro-ben Differenzierung in „intern" und „extern" erfolgen.

Die interne Zielgruppe inkludiert in erster Linie alle momentan Beschäftigten im Unter-nehmen. Die umfassende Kenntnis über die Ziele, Wünsche, Bedürfnisse, Motive, Prä-ferenzen, Werte und Erwartungen dieser Zielgruppe - wie auch die der externen Ziel-gruppe- ist Voraussetzung für eine zielgerichtete Employer Branding Strategie. Da sich die Vorstellungen vom idealen Arbeitgeber auch innerhalb der internen Zielgruppe stark voneinander unterscheiden können, ist es sinnvoll eine weitere, funktions-

---

[101] Vgl. Lukasczyk, Armutat, Sascha, und Seng, Anja, *Employer Branding*, S. 19 ff.
[102] Vgl. Trost, *Employer Branding*, 20 f.

bezogene oder auch potenzialbezogene Unterteilung vorzunehmen. Eine solche Einteilung könnte zum Beispiel anhand folgenden Kriterien realisiert werden:[103]

- Gewerbliche Mitarbeiter
- Kaufmännische Mitarbeiter
- Wichtige strategische Key-Positionen
- Führungskräfte
- Potenzielle Nachwuchsführungskräfte
- Mitglieder betrieblicher Gremien (wie z.B. Betriebsrat, Auszubildendenvertretung)
- Besondere Mitarbeiter (wie z.B. ältere Mitarbeiter oder Mitarbeiter mit Handicap)

Nach der Einteilung in die relevanten Untergruppen folgt das Sammeln und Analysieren von Informationen bezüglich der Präferenzen, Erwartungen, etc. der internen Zielgruppe. Dazu eignet es sich besonders, regelmäßige Mitarbeitergespräche zu führen und auch interne Mitarbeiterbefragungen in das Unternehmensleben fest zu integrieren. Wichtig ist, die Präferenzen zu identifizieren, auszuwerten und in die Strategie-Planung für jede einzelne Untergruppe der internen Zielgruppen zu berücksichtigen. Dies führt langfristig zu mehr Motivation, Loyalität (und damit zu einer gesenkten Fluktuationsrate) und allgemein zu einer gesteigerten Zufriedenheit unter den Angehörigen des Unternehmens.[104]

Die externe Zielgruppe umfasst alle Personenkreise, die durch externe Kommunikation im Sinne des Employer Brandings erreicht werden wollen. Auch deren Präferenzen, Ansprüche und Erwartungen bezüglich Arbeitgebern müssen analysiert, ausgewertet und im entsprechendem Maße in der Strategie beachtet werden, um die Employer Brand ganzheitlich zu entwickeln und zu vermitteln. Eine weitere Einteilung in Untergruppen ist auch hier sinnvoll. So kann man von potenziellen Mitarbeitern und der Öffentlichkeit bei der Analyse sprechen. Zu der Gruppe der potenziellen Mitarbeiter können wiederum folgende gehören:[105]

- Studierende
- Hochschulabsolventen
- Schüler in Erstausbildung
- Berufsschüler

---

[103] Vgl. Stotz und Wedel-Klein, *Employer Branding*, S. 96.
[104] Vgl. Stotz und Wedel-Klein, S. 97.
[105] Vgl. Stotz und Wedel-Klein, S.97.

- Schulabsolventen

- berufs- und branchenerfahrene gewerbliche Mitarbeiter

- berufs- und branchenerfahrene kaufmännische Mitarbeiter

- berufs- und branchenerfahrene Führungskräfte

- berufs- und branchenerfahrerfahrene Spezialisten

- Young Professionals

- Angehörige von derzeit Beschäftigten

Die Öffentlichkeit kann zusammengefasst werden als Gesamtheit aller Personen und Institutionen die in Verbindung mit dem Unternehmen stehen, bei der aber nicht die potenzielle Mitarbeit im Fokus steht. Dazu gehören:[106]

- Lehr- und Verwaltungspersonal von Hochschulen, Erstausbildungsschulen und Berufsschulen

- Kommunale, regionale oder auch überregionale politische Mitglieder

- Vertreter von Behörden

- Medienvertreter und Pressevertreter

- Berufsverbände und Gewerkschaften

- Soziale Einrichtungen

- Kunden und Lieferanten

Bei der Betrachtung der externen Zielgruppe liegt der Fokus der Unternehmen meist auf der ersten Gruppe der potentiellen Mitarbeiter, da häufig die Dringlichkeit vorherrscht, durch die Vermittlung von Arbeitgeberattraktivität, vakante Stellen schnell zu besetzen. Dennoch ist es wichtig auch die Öffentlichkeit miteinzubeziehen und deren Einfluss auf potentielle Mitarbeiter nicht zu unterschätzen. Die relevanten Informationen über die gesamte externe Zielgruppe für die Analyse, können aus den Medien, vorrangig aus den von der Zielgruppe selbst genutzten, gewonnen werden. Aufschluss über die anvisierten Zielgruppen geben beispielsweise Online-Foren und Job-Börsen (sowie branchenspezifische Job-Portale), aber auch Trendstudien und Trendszenarien können diesbezüglich sehr hilfreich sein. Vor allem Absolventen- und Young-Professionals-Studien zeigen Erwartungen an Arbeitgeber, Präferenzen und Wertvorstellungen der Zielgruppe vielfältig auf.[107]

---

[106] Vgl. Stotz und Wedel-Klein, S.97.
[107] Vgl. Stotz und Wedel-Klein, S. 98.

3.1.3 Situationsanalyse zur Arbeitgebermarke

Bei der Situationsanalyse zur Arbeitgebermarke wird der Ist-Zustand des Unternehmens als Arbeitgeber durchleuchtet. Zu Beginn wird eruiert, wie man sich selbst als Arbeitgeber darstellen und verwirklichen möchte, welche Kompetenzen man als Arbeitgeber in der Realität hat und in welche Richtung die Entwicklung gehen soll. Hierbei wird zudem erörtert, welche Werte und Eigenschaften das Unternehmen idealerweise für sich vorsieht und ob diese auch in der Realität gelebt werden.[108] Ebenso kann eine Stärken-und-Schwächen-Analyse Teil dieser Phase sein. Hierfür eignet es sich in interdisziplinären Teams unter Einbeziehen von aktuellen und ehemaligen Mitarbeitern die Stärken und Schwächen als Arbeitgeber zu diskutieren, die Ergebnisse zusammenzutragen, und zu interpretieren.[109] Das übergeordnete Ziel dieser Analyse ist es, ein ehrliches und faktisches Bild über den Status quo als Arbeitgeber zu erhalten, um anschließend zielgerichtet planen zu können.[110] Faktoren, die grundsätzlich bei der Analyse betrachtet werden sollten, sind:[111]

Die Arbeitgebereigenschaften

Diese Eigenschaften setzen sich aus verschiedenen Kategorien zusammen und beschreiben das authentische Erleben des Unternehmens als faktischen Arbeitgeber[112]. Kategorien zur Bewertung hierbei sind Angebote (Entlohnung, Zusatzleistungen, Work-Life-Balance), Aufgaben (interessante Aufgaben und Projekte, Innovation und Einfluss), das Unternehmen (Produkte/Dienstleistungen, Technologie/Marktführerschaft, Unternehmenserfolg, etc.), die Mitarbeiter (Persönlichkeit, Qualifikation, Zusammenarbeit und Vielfalt) und die Werte (Unternehmenskultur, Führungsqualität und –Leitbild, etc.). Diese Eigenschaften fungieren als Basis für das Employer Branding.

Sobald die Personalmarketingmaßnahmen einen deutlich besseren Eindruck vermitteln, als es in der Realität erlebt wird, wird die gesamte Arbeitgebermarke geschwächt. Kongruenz hingegen steigert die Arbeitgeberattraktivität.[113]

Das Arbeitgeberimage

Das aktuelle Arbeitgeberimage ist die momentane meist gesellschaftliche Sicht auf das Unternehmen. Wie ein Unternehmen als Arbeitgeber wirkt und welche Eigenschaften

---

[108] Vgl. Jochen Pett und Wolf Reiner Kriegler, „Ein Leuchtfeuer entzünden und andere überstrahlen", *Personalwirtschaft: das Magazin für den Job HR*, Employer Branding, Vol.34, Nr. 5 (2007): S. 20.

[109] Vgl. Stotz und Wedel-Klein, Employer Branding, S. 137.

[110] Vgl. Immerschitt und Stumpf, *Employer Branding für KMU*, S. 49 ff.

[111] Vgl. Trost, *Employer Branding*, S. 19.

[112] Vgl. Immerschitt und Stumpf, *Employer Branding für KMU*, S. 53.

[113] Vgl. Trost, *Employer Branding*, S. 19 f.

erwartet werden, ohne dass bereits konkrete Erfahrungen in dieser Konstellation gesammelt wurden. Bei der Analyse geht es darum, das Arbeitgeberimage auf Glaubwürdigkeit und Authentizität zu prüfen.[114]

Die Positionierung im Wettbewerb

Die gezielte Auseinandersetzung mit dem eigenen Unternehmen und der Stellung gegenüber Wettbewerbern ist von großer Bedeutung für die Analyse des Employer Branding Prozesses. Unternehmen sollten die Wettbewerber und deren Strategie kennen und das eigene differenzierende Alleinstellungsmerkmal (USP/EVP) hervorheben können, um attraktiv auf potentielle Bewerber zu wirken. Demnach geht es darum ein reales und faktisches Selbstbild am Markt zu erhalten, um diesen Aspekt in der Strategie- Planung zu berücksichtigen.[115]

Die eigene Markenstrategie

Nicht zuletzt sollte die eigene Strategie der Unternehmensmarke und das damit verbundene Mehrwertversprechen an die Kunden, analytisch betrachtet werden. Die Markenstrategie ist ein Hauptziel des Marketings und wird in komplexen Prozessen und Kampagnen gesteuert. Ein authentisches Bild über den Ist-Zustand der Marke bildet sowohl eine gute Basis für eine ganzheitliche Beurteilung des Unternehmens in der Rolle als Produzent und Dienstleister, als auch die Basis aller Emotionen, die bestehende und potentielle Mitarbeiter mit einem Unternehmen und somit mit dem (potentiellen) Arbeitgeber verbinden.[116]

Die für die Situationsanalyse benötigten Informationen können zum Teil aus Unternehmensdokumenten wie Personalberichte, Geschäftsberichte oder auch Nachhaltigkeitsberichte entnommen werden. Darüber hinaus können Strategiepapiere und Organisationscharts für die Analyse herangezogen werden. Es ist zudem sinnvoll Mitarbeiterbefragungen durchzuführen, um auch die interne Perspektive und Einschätzung in die Analyse mit einfließen zu lassen. Außerdem können Medienberichte hilfreiche Informationen liefern.[117]

3.2 Strategie-Planung

Die zukunftsorientierte Strategie-Planung ist das Herzstück des Employer Brandings. Kern dieser Phase ist die Positionierung der Arbeitgebermarke. In ihr wird festgelegt, wie der Weg zur etablierten Employer Brand gestaltet wird. Relevant ist hier die

---

[114] Vgl. Trost, S. 22.
[115] Vgl. Trost, S: 21 f.
[116] Vgl. Stotz und Wedel-Klein, Employer Branding, S. 92.
[117] Vgl. Stotz und Wedel-Klein, S. 93 f.

Kommunikation mit den Zielgruppen und in welchem Maß diese angesprochen werden sollen. Außerdem muss festgelegt werden welche Ziele es zu erreichen gilt, um die Arbeitgebermarke langfristig erfolgreich zu positionieren. So entscheidet die Strategie-Planung maßgeblich über die Effektivität und die Effizienz der Arbeitgebermarkenbildung. Die Strategie ist als Leitlinie für das gesamte Unternehmen zu verstehen, die die Ausrichtung aller Maßnahmen innerhalb des Employer Brandings determiniert. Aufgrund ihres grundlegenden Charakters ist sie langfristig orientiert und sollte folglich auf mehrere Jahre ausgelegt sein. Kurz- und mittelfristige Kommunikationsprozesse, wie temporäre Kampagnen und Kommunikationsprogramme, sind von dieser langfristigen Orientierung abzugrenzen.[118]

Zu Beginn der Strategie-Planung werden die in der Analyse-Phase gesammelten Informationen ausgewertet, um Zielformulierungen über den Soll-Zustand der Arbeitgebermarke und die Positionierung anhand der definierten EVP zu erstellen. Im letzten Schritt werden die instrumentellen Maßnahmen für den Kommunikationsprozess – welcher vorgibt, wie die festgelegten Ziele nach außen und innen kommuniziert werden sollen – festgelegt.

3.2.1 Auswertung von Informationen

In der Analysephase wurden wertvolle Informationen hinsichtlich des Unternehmens selbst, der Zielgruppen, der Arbeitgebermarke und des Wettbewerbs gesammelt. Um wirkungsvolle Schlussfolgerungen für das Employer Branding zu ziehen, ist es wichtig diese sorgfältig zusammenzutragen und auszuwerten. Zielgruppenspezifisch auszuwerten kann hier sinnvoll sein.[119] Bei der Auswertung wird der Ist-Zustand mit dem Soll-Zustand verglichen. Dabei sollen beispielsweise folgende Fragen beantwortet werden:

„Werden die definierten Werte, Philosophien und Leitbilder auch wirklich in der Praxis gelebt?" „Stimmt das Arbeitgeberimage mit der tatsächlich gelebten Arbeitgebermarke überein?" „Welche Chancen am Arbeitsmarkt können aufgrund von Schwächen nicht richtig wahrgenommen werden?"

Die Aufdeckung dieser Diskrepanzen schafft die Basis für die Zielformulierungen. Beim Auswerten der analytisch gesammelten Informationen geht es darum, Lücken in der Glaubwürdigkeit der Employer Brand, etwaige Schwächen und mögliche Diskrepanzen aufzudecken, um den Grundstein für die darauffolgenden Zielformulierungen zu legen.[120]

---

[118] Vgl. Walter und Kremmel, *Employer Brand Management*, S. 113 ff.
[119] Vgl. Stotz und Wedel-Klein, *Employer Branding*, S. 98.
[120] Vgl. Kriegler, *Praxishandbuch Employer Branding*, S. 88.

3.2.2 Zielformulierungen

Ist die Analyse und die Auswertung der gesammelten Informationen abgeschlossen, folgen die darauf aufbauenden Zielformulierungen. Sie bilden den Leitfaden für die im weiteren Prozess zu treffenden Entscheidungen und umzusetzenden Maßnahmen. Die Ziele des Employer Brandings sind den Zielen der Corporate Brand und des Unternehmens untergeordnet und dürfen somit nie losgelöst von ihnen festgelegt werden, sondern sind durch Konformität gekennzeichnet.[121] Die markenpolitischen Ziele des Employer Brandings lassen sich in drei Kategorien einteilen[122]:

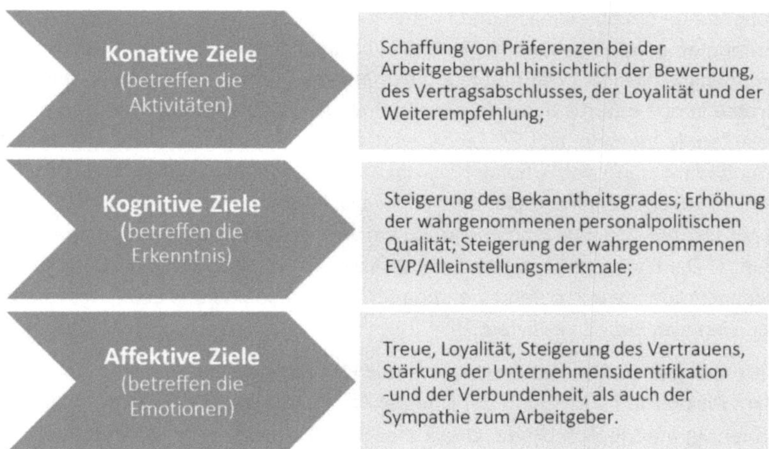

Abbildung 5: Markenpolitische Zielkategorien Employer Branding mit Beispielen[123]

Zusätzlich können Ziele definiert werden, die sich im Speziellen auf den messbaren Rekrutierungserfolg, also die gesteigerte Quantität und –Qualität der Bewerbungen, beziehen. Diese Zielformulierungen werden relevant, wenn Unternehmen auffällig wenige oder viele unpassende Bewerbungen erhalten.[124] Die Ausführlichkeit und Tiefe der Zielformulierungen können bei jedem Unternehmen variieren und sind abhängig von den eigenen Intentionen und Prioritäten im Employer Branding. Um den Überblick zu behalten, ist es ratsam die Ziele zu einer Markenvision, kompatibel zur Unternehmensvision, zusammenzufassen. Sie kann so als Maßstab und als Orientierung bei

---

[121] Vgl. Stotz und Wedel-Klein, Employer Branding, S. 102.

[122] Vgl. Petkovic, *Employer Branding*, S. 184 f.

[123] Quelle: Eigene Darstellung in Anlehnung an Petkovic, S. 184 f.

[124] Vgl. Walter und Kremmel, *Employer Brand Management*, S. 121 f.

der Steuerung der Arbeitgebermarke fungieren und den Sinn der Arbeitgebermarke beschreiben.[125]

3.2.3 Markenpositionierung

Die Positionierung der Arbeitgebermarke ist der Grundkern der Employer Branding Strategie. Über die Definition der aussagekräftigen EVP legt sie fest, „für welche Arbeitgebereigenschaften das Unternehmen bei seinen Zielgruppen im Verhältnis zum Wettbewerb stehen will."[126] Gelingt die Arbeitgeberpositionierung durch gezielte Kommunikation und kongruentes Mitarbeiterverhalten, formt sich das beabsichtigte Arbeitgeberimage bei potentiellen und bestehenden Mitarbeitern. Als Resultat kann ein Unternehmen so eine bestimmte, vom Wettbewerb differenzierende Position in der zielgruppenspezifischen Wahrnehmung einnehmen.[127] Die Positionierung und das angestrebte Image fußen auf der definierten Soll-Identität als Arbeitgeber, also auf der festgelegten Markenidentität.[128] Diese wird maßgeblich durch die EVP, die auch die Grundausrichtung des Arbeitgebers am Markt bestimmt, geprägt. In der EVP werden die Employer Branding Ziele, die Werte, die Attraktivitätsfaktoren und das Werteversprechen als Alleinstellungsmerkmal am Arbeitsmarkt zusammengefasst und definiert.[129] Die EVP enthält zudem eine zentrale „Great-place-to-work"-Botschaft, welche wesensprägende und differenzierungs-fördernde Aspekte des Leistungsversprechens der Employer Brand vermitteln.[130]

Nach Kriegler sind es das Employer Brand Positioning Statement, die Unique Employment Proposition (UEP) und der Cultural Fit, welche die erfolgreiche Arbeitgeberpositionierung maßgeblich bilden. Diese drei Begriffe lassen sich wie folgt zusammenfassen:[131]

- Employer Brand Positioning Statement umfasst und fixiert jene Werte, für die ein Arbeitgeber als Unternehmen steht und erfüllt in erster Linie eine Identifikationsfunktion.

- Unique Employment Proposition (UEP) ist das Pendant zur Unique Selling Proposition (USP) aus dem Produktmarketing. Auf das Personalmarketing bezogen gibt die UEP Antwort auf die Frage: „Was macht den Arbeitgeber

---

[125] Vgl. Stotz und Wedel-Klein, Employer Branding, S. 103.

[126] Walter und Kremmel, *Employer Brand Management*, S. 123.

[127] Vgl. Walter und Kremmel, S. 123.

[128] Vgl. Buckesfeld, *Employer Branding*, S. 45.

[129] Vgl. Stotz und Wedel-Klein, Employer Branding, S. 103.

[130] Vgl. Franz-Rudolf Esch, Christian Knörle, und Kristina Strödter, *Internal Branding: Wie Sie mit Mitarbeitern Ihre Marke stark machen*, 1. Aufl. (München: Verlag Franz Vahlen GmbH, 2014), S. 43.

[131] Vgl. Kriegler, *Praxishandbuch Employer Branding*, S. 158 ff.

besonders oder einzigartig am Arbeitsmarkt?" Der Fokus hierbei liegt auf jenen Aspekten des Employer Brandings, die zur Differenzierung in den Bewerbermärkten beitragen.

- Cultural Fit beschreibt welche Art von Mitarbeitern neben der fachlichen Qualifikation auch kulturell und persönlich, sowie hinsichtlich ihrer Werte und Verhaltensweisen zum Unternehmen passen. Ziel ist es die Passung zwischen der Organisation und den (potentiellen) Mitarbeitern dadurch kulturell und persönlich zu erhöhen.[132]

Die Positionierung der Arbeitgebermarke kann als „Aussagensystem" verstanden werden, das in seiner Gesamtheit den Charakter der Arbeitgebermarke verständlich macht und das gesamte Werteversprechen dahinter konkretisiert.[133]

Anforderungen an eine erfolgsversprechende Positionierung der Employer Brand sind zudem:[134]

1. Die Positionierung soll konform zur Identität sein. Das bedeutet sie soll zu den Werten und den vorhandenen Arbeitsbedingungen passen.
2. Im Fokus sollen die Werte, Anforderungen und Nutzenerwartungen der Zielgruppe stehen, um diese bestmöglich zu erfüllen.
3. Eine Differenzierung gegenüber der Positionierung anderer Wettbewerber am Arbeitsmarkt sollte vorhanden sein.

3.2.4 Konzeption Kommunikationskonzept und Festlegung der Employer Branding Maßnahmen

Nachdem die Ziele und die Markenpositionierung strategisch festgelegt wurden, geht es im Employer Branding Prozess bei der Konzeption des Kommunikationsprogramm um die Übersetzung in ein kreatives Kommunikationskonzept im Sinne der Markenidentität.[135] Die gebildete Arbeitgebermarke soll dadurch über verschiedene Kontaktpunkte nach innen, sowie nach außen kommuniziert werden, um die Bekanntheit der Arbeitgebermarke zu steigern, Markenwerte zu verankern und das gewünschte Image bei den anvisierten Zielgruppen zu etablieren.[136] Als Vorbereitung für die Umsetzung eignet sich die Ausarbeitung eines Kreativkonzepts zur Kommunikation, das meist extern durch die Beauftragung einer Agentur entwickelt wird. Es soll den

---

[132] Vgl. Kriegler, *Praxishandbuch Employer Branding*, S. 158 ff.

[133] Vgl. Sponheuer, *Employer Branding als Bestandteil einer ganzheitlichen Markenführung*, S. 213.

[134] Vgl. Stotz und Wedel-Klein, Employer Branding, S. 103.

[135] Vgl. Buckesfeld, *Employer Branding*, S. 50.

[136] Vgl. Walter und Kremmel, *Employer Brand Management*, S. 169 f.

Rahmen für die interne und externe kommunikative Umsetzung geben und durch bestimmte äußerliche Vorgaben das stringente Auftreten als Arbeitgeber ermöglichen. Folgende Elemente können Teil des Kreativkonzepts sein:[137]

- Kreative Leitidee: die visuelle Umsetzung der UEP

- Motivserie: allgemeingültige- oder auf Zielgruppensegmente abgestimmte Motive

- Designvorgaben sowie Farb- und Bildwelten: konform zum Corporate Design (Farben/Schrift/Logo); Vorgaben bezüglich Fotos und Grafiken

- Tonalität und Wording: Optische Anmutung und Sprachwirkung, sowie Sprachstil für die Kommunikation mit der Zielgruppe (per Du, per Sie, locker oder eher distanziert)

- Gegebenenfalls Arbeitgeberclaim[138]

Grundlage für die darauffolgende Planung der instrumentellen Maßnahmen des Kommunikationsprogramms bildet das Verständnis, dass es keine (einzelne) allumfassende Maßnahme gibt, die zum Erfolg führt. Erst die Kombination aus mehreren Maßnahmen, welche gut zum Unternehmen und dessen Markenzielen passen, machen das Employer Branding in dieser Phase erfolgreich. Im ersten Schritt ist eine Einteilung in interne und externe Kommunikationsinstrumente sinnvoll, um zielgerichtet planen zu können.[139] Zudem ist eine Differenzierung hinsichtlich der Art der Kommunikation hilfreich, also die Einordnung in persönliche Kommunikation und Massenkommunikation (vgl. Abbildung 6).[140] Wie bereits im Kapitel 2.5.1 und 2.5.2 beschrieben, gibt es viele individuelle Berührungspunkte mit den internen und externen Zielgruppen, die individuell bedient und gestaltet werden können. Nachfolgende Abbildung zeigt beispielhaft einige Instrumente, die hierbei von Bedeutung sein können:

---

[137] Vgl. Kriegler, *Praxishandbuch Employer Branding*, S. 224 f.

[138] Vgl. Kriegler, *Praxishandbuch Employer Branding*, S. 224 f.

[139] Vgl. Stotz und Wedel-Klein, Employer Branding, S. 107.

[140] Vgl. Buckesfeld, *Employer Branding*, S. 50 f. in Anlehnung an Enderle, K./Furkel, D. (2008), S. 61; Drengner, J. (2006), S. 16 f.; Wiese, D. (2005), S. 64.

	Persönliche Kommunikation	**Massenkommunikation**
intern	• Mitarbeitergespräche • Persönliche Emails • Direktes Führungsverhalten des Vorgesetzten	• Mitarbeiterzeitschrift • Intranet • E-Mails
extern	• Praktikums-, Werkstudenten-, und Volontärstellen • Workshops • (Hochschul-)Messen, Seminare, Präsentationen und Vorträge • Kooperationsprojekte • Werkbesichtigung	• Internetauftritt und Karrierewebsite • Recruiting- und Imagebroschüren • Imageanzeigen in Zeitschriften und Internetportalen • Stellenanzeigen

Abbildung 6: Interne und externe Kommunikationsinstrumente[141]

Die Fülle an Instrumenten ist auch hinsichtlich der Intensität, der Glaubwürdigkeit der Botschaften und der Reichweite different ausgeprägt. Während ein Praktikum besonders intensiven Kontakt darstellt, erreicht man damit nur vereinzelt potentielle Mitarbeiter. Weiterhin weisen etwa Erfahrungsberichte von Mitarbeitern in Blogs eine viel höhere Glaubwürdigkeit auf, als weitreichende Arbeitgeber-Imageanzeigen.[142]

Bei der ganzheitlichen Konzeption des Kommunikationsprogramms ist es äußerst wichtig auf ein einheitliches Zusammenspiel der internen und externen instrumentellen Kommunikationsmaßnahmen und die langfristige Ausrichtung zu achten. So sollen konsistente Markenbotschaften über Text- und Bildsprache gesendet und ein einheitliches Gefühl vermittelt werden. Dadurch wird sichergestellt, dass bei allen Zielgruppen zielkonform eine in sich geschlossene Wahrnehmung der Arbeitgebermarke erzeugt und verankert wird.[143]

---

[141] Quelle: Eigene Darstellung in Anlehnung an Buckesfeld, S. 51 In Anlehnung an Wiese (2005), S. 64; Franz-Rudolf Esch, *Strategie und Technik der Markenführung*, 8. Aufl. (München: Verlag Franz Vahlen GmbH, 2014), S. 158.

[142] Vgl. Esch, Knörle, und Strödter, *Internal Branding: Wie Sie mit Mitarbeitern Ihre Marke stark machen*, S: 47.

[143] Vgl. Klein und ScienceFactory, *Employer Branding*, S. 18.

3.3 Integration des Employer Brandings

Bevor die sorgfältig ausgearbeitete und geplante Employer Branding Strategie in den einzelnen Unternehmenseinheiten umgesetzt werden kann, muss die Strategie durch die Führungskräfte an ihre Teams und Bereiche übermittelt werden, um Teilstrategien abzuleiten. Diese Verfahrensweise fördert zusätzlich die interne Akzeptanz des Employer Brandings und trägt somit zum Erfolg bei.[144]

Die Integration des Employer Brandings besteht aus der internen und externen Implementierung der geplanten Strategie und aus der Umsetzung des Kommunikationskonzepts. Vorangehend wurde bereits erläutert auf was es bei der Analyse- und Strategie-Planungsphase ankommt. Bei der Umsetzung bildet die interne Umsetzung die Basis für die externe Umsetzung. Fälschlicherweise wird das Employer Branding oft als rein externes Maßnahmenpaket des Personalmarketings verstanden, um neue Mitarbeiter zu rekrutieren. Doch erst durch die interne Verankerung und das direkte positive Erleben der Arbeitgebermarke kann Employer Branding auch extern erfolgreich und authentisch umgesetzt werden.[145]

Um die Employer Brand wirkungsvoll zu integrieren ist die klare Ernennung von einzelnen Verantwortlichen unerlässlich. Hierfür ist die Schaffung einer zentralen Schnittstelle zwischen den Bereichen der Geschäftsführung, des Personalmanagements und des Marketings ausschlaggebend für den Erfolg. Die Intention dahinter ist es, eine optimale Abstimmung zwischen den einzelnen strategischen Bereichen im Unternehmen zu gewährleisten, um der Employer Brand als einheitliches und ganzheitliches Konstrukt gerecht zu werden.[146]

Im Rahmen dieser Arbeit wird nicht weiter auf die Gestaltung der personalpolitischen Leistungen im Rahmen des Employer Brandings eingegangen. Der Fokus wird im Folgenden jedoch auf die kommunikative Umsetzung des Employer Brandings gelegt.

---

[144] Vgl. Stotz und Wedel-Klein, Employer Branding, S. 120.

[145] Vgl. Stotz und Wedel-Klein, S. 139.

[146] Vgl. Franz-Rudolf Esch, Mirjam Schmitt, und Christian Knörle, „Employer Branding Studie 2014: Pole Position bei Bewerbern und Mitarbeiter", Employer Branding Studie 2014 (ESCH, 2014), S. 18.

3.3.1 Konsistentes Kommunikationskonzept

Bei der Ausgestaltung und Umsetzung der Kommunikation stellt die Konsistenz eine der größten Herausforderungen dar. Die Markenbotschaft soll über alle gewählten Kontaktpunkte und Instrumente hinweg, inhaltlich sowie formal, langfristig und langlebig gestaltet sein. Der Fokus liegt dabei zum einen auf der konsequenten, einheitlichen, auf die Markenidentität bezogenen Kommunikation und der gleichzeitigen Steigerung der Arbeitgebermarkenstärke. Zum anderen aber auch auf dem Aufbau des Arbeitgeberimages und der zielgerichteten Erschaffung von differenzierenden Nutzenassoziationen bei der Zielgruppe.[147] Weiter sollte sich das Kommunikationskonzept durch Einzigartigkeit, Kreativität und Kontinuität auszeichnen, um sich so als Arbeitgeber differenzierend gegenüber dem Wettbewerb am Arbeitsmarkt zu präsentieren und zu positionieren. Leitbilder und Leitidee des Employer Brandings müssen sich über alle Kommunikationsmaßnahmen hinweg wiederspiegeln, damit die Arbeitgebermarke als einheitliches Konstrukt vermittelt wird.[148]

Das Kommunikationskonzept muss sich hinsichtlich der Zusammenstellung der Instrumente an den Zielgruppenpräferenzen orientieren. Die Botschaften können nur über die von der Zielgruppe bevorzugten Medien erfolgswirksam vermittelt werden. Während vor einigen Jahren Stellenanzeigen und Anzeigen in Zeitungen noch die höchste Relevanz für die Kommunikation hatten, ist es heute vor allem das Internet, das bevorzugt für die Informationsbeschaffung genutzt wird.[149] Speziell die Unternehmenswebsite und die zugehörige Karriereseite tritt als zentrales Kommunikationsinstrument in der externen Arbeitgebermarkenbildung hervor.[150] Früher wurden hierbei lediglich offene Stellenangebote publiziert, doch heute ist es ein zentrales Medium für Employer Branding Botschaften geworden. Auch Social-Media Plattformen, Blogs, Internetforen und Business-Plattformen wie Xing oder LinkedIn sind mittlerweile wichtiger Gegenstand der Markenkommunikation im Employer Branding.[151]

Angesichts der Fülle der Kommunikationsinstrumente gilt es stetig die Einheitlichkeit im Blick zu behalten, um die Arbeitgebermarke erfolgreich zu integrieren.

Die Integration der Employer Brand gliedert sich dabei in die inhaltliche, die formale und die zeitliche Abstimmung aller Personalmarketingmaßnahmen mit dem Ziel ein in

---

[147] Vgl. Beck, *Personalmarketing 2.0*, S. 32.

[148] Vgl. Burg und Heuser, *Distribution und Handel in Theorie und Praxis*, S. 520.

[149] Vgl. Esch, *Strategie und Technik der Markenführung*, 2014, S. 157.

[150] Vgl. Esch, Knörle, und Strödter, Internal Branding: Wie Sie mit Mitarbeitern Ihre Marke stark machen, S. 48.

[151] Vgl. Armin Trost, Talent Relationship Management: Personalgewinnung in Zeiten des Fachkräftemangels; (Berlin Heidelberg: Springer, 2012), S. 62 f.

sich geschlossenes Unternehmensbild zu vermitteln und die Marke wirksam bei den Zielgruppen zu verankern.[152]

Form	Definition	Wirkung auf die Zielgruppe
Inhaltliche Integration	Durch die einheitliche thematische Gestaltung der Botschaften, der Leitidee und der Leitbilder ergibt sich ein **widerspruchsfreies Erscheinungsbild der Arbeitgebermarke**	• **Hohe Glaubwürdigkeit und weniger Verwirrung**, durch widerspruchsfreie Aussagen • Schnelle und tiefe **Verankerung** der Arbeitgebermarke • Erinnerungsleistung wird gestärkt • Trotz der Informationsflut kann sich ein prägnantes, **einheitliches und klares Bild** formen
Formale Integration	Durch die einheitliche Verwendung von Markenzeichen, Logos und formalen Richtlinien ergibt sich ein **konsistentes Erscheinungsbild der Arbeitgebermarke**	• Kein Einfluss auf die Vermittlung positionierungsrelevanter Inhalte der Marke • Primär **verankert** die formale Integration die **Marke im Gedächtnis**
Zeitliche Integration	Durch die Abstimmung der Kommunikationsmittel und -instrumente innerhalb und zwischen den Planungsperioden ergibt sich ein **einheitliches Erscheinungsbild der Arbeitgeberrmarke**	• Durch die kontinuierliche Nutzung übereinstimmender Kampagnen wird die **Arbeitgebermarke gestärkt und „erlernt"**

Abbildung 7: Formen der integrierten Kommunikation und ihre Wirkung auf die Zielgruppe[153]

3.3.2 Interne und externe Umsetzung

Die Arbeitgebermarke muss nach außen und nach innen gelebt werden, denn „eine schöne Hülle ohne Kern bleibt immer nur eine Hülle"[154] und der Erfolg bleibt dementsprechend aus.

Bei der internen Integration der Arbeitgebermarke, auch „Employee Branding" oder „Internal Branding" genannt, liegt das Hauptaugenmerk darauf, dass sich die Mitarbeiter mit ihr identifizieren können und sie verstehen. Dabei werden Mitarbeiter in den Prozess der Markenbildung miteinbezogen. Sie sollen so fundiert über die Marke

---

[152] Vgl. Buckesfeld, *Employer Branding*, S. 54.

[153] Quelle: Eigene Darstellung in Anlehnung an Burg und Heuser, *Distribution und Handel in Theorie und Praxis*, S. 523 f.

[154] Vgl. Franz-Rudolf Esch u. a., Hrsg., Corporate Brand Management: Marken als Anker strategischer Führung von Unternehmen, 2., aktualisierte und erg. Aufl (Wiesbaden: Gabler, 2006), S. 77.

informiert und aktiv für sie begeistert werden, mit dem Ziel, im Sinne der Marke zu handeln.[155] Die Mitarbeiter treten bewusst oder unbewusst als Markenbotschafter auf und tragen die Employer Brand nach außen zur externen Zielgruppe. Unabhängig davon, über welche Kanäle sie mit potentiellen Mitarbeitern in Kontakt treten, beeinflussen sie deren Vorstellungsbild vom Unternehmen als Arbeitgeber. Dadurch kommt der internen Integration und Verankerung der Arbeitgebermarke eine besonders hohe Bedeutung zu. Maßgeblich wird die Identifikation und das Verständnis der Markenidentität durch das Verhalten der Vorgesetzten und deren Vorbildfunktion bestimmt, weswegen es sehr wichtig ist, alle Führungskräfte in den Prozess miteinzubeziehen.[156] Laut einer Studie zum Status Quo des Employer Brandings aus dem Jahr 2014, besteht bei der internen Implementierung in vielerlei Hinsicht Handlungsbedarf. Demnach sind vielen Mitarbeitern die Inhalte der Arbeitgebermarke kaum bekannt und die Leistungsversprechen sind nicht ausreichend in den Recruiting-Prozessen, sowie den einzelnen Personalmaßnahmen verankert.[157] Um Akzeptanz, Treue und Loyalität im Sinne der Arbeitgebermarke zu schaffen, bedeutet dies, dass die persönliche Kommunikation mit den Mitarbeitern in den Fokus gerückt werden muss. Die interne Kommunikation trägt maßgeblich zur konkret erlebten Arbeitgeberqualität bei und sollte stets von Authentizität und Glaubwürdigkeit geprägt sein, um die durch externe Maßnahmen gewonnenen Mitarbeiter zu halten und nicht aufgrund leerer Versprechungen wieder zu verlieren.[158] Das Commitment und die Zustimmung des Personals in Bezug auf die Arbeitgebermarke entsteht nicht unmittelbar, sondern festigt sich erst über einen längeren Zeitraum. Außerdem benötigt das Commitment kontinuierliche Kommunikation und die strategische Umsetzung der Employer Branding Maßnahmen.[159] Hierfür werden alle Kontaktpunkte mit den Mitarbeitern mit einbezogen und im Sinne der Employer Branding Strategie gestaltet und kommuniziert - angefangen bei der internen Rekrutierung, über die Bindung während der täglichen Arbeit der Mitarbeiter, bis hin zu deren Austritt.[160]

Nachfolgende Abbildung macht deutlich, welche Ergebnisse die interne Implementierung idealerweise hervorbringt und welche Bereiche dafür verantwortlich sind:

---

[155] Vgl. Lars Dörfel, *Instrumente und Techniken der Internen Kommunikation - Band 2 Instrumente zielgerichtet einsetzen, Dialoge erfolgreich managen*, 2013, S. 76,

[156] Vgl. Burg und Heuser, *Distribution und Handel in Theorie und Praxis*, S. 522.

[157] Vgl. Esch, Schmitt, und Knörle, „Employer Branding Studie 2014: Pole Position bei Bewerbern und Mitarbeiter", S. 18.

[158] Vgl. Pett und Kriegler, „Ein Leuchtfeuer entzünden und andere überstrahlen", S. 20 ff.

[159] Vgl. Burg und Heuser, *Distribution und Handel in Theorie und Praxis*, S. 523.

[160] Vgl. Stotz und Wedel-Klein, Employer Branding, S. 107.

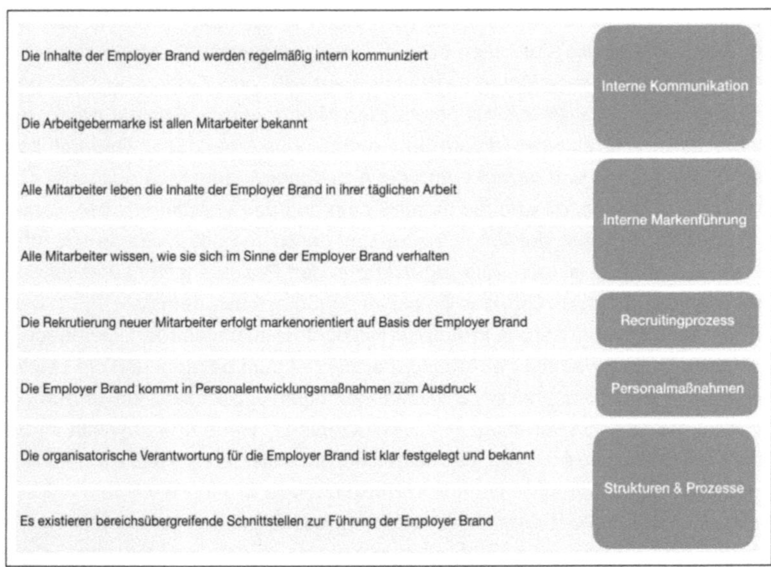

Abbildung 8: Ergebnisse der internen Implementierung und Umsetzungsbereiche[161]

Bei der Umsetzung der externen Kommunikation ist das Involvement (Ich-Beteiligung[162]) der Zielgruppe entscheidend. Zielgruppen mit einem niedrigen Involvement befinden sich meist noch am Anfang oder in der Mitte ihrer (studentischen) Ausbildung. Die Arbeitgeberwahl liegt für sie meist noch in ferner Zukunft. Das bedeutet, die Bereitschaft sich mit arbeitsmarktbezogenen Informationen auseinanderzusetzten, ist eher gering, da die nötige Relevanz fehlt. In der High-Involvement-Phase hingegen, beschäftigt sich die Zielgruppe anhand verschiedener Quellen eindringlich mit potentiellen Arbeitgebern, da sie sich bereits konkret in der Arbeitgeberwahl befindet oder unmittelbar davorstehen. Auch wenn die Ambitionen zur Informationsaufnahme in der Low-Involvement-Phase wenig ausgeprägt sind, darf sie nicht außen vorgelassen werden, denn genau in dieser Phase beginnt der Aufbau der Markenbekanntheit, des Markenimages und von Identifikation und Vertrauen. Hierbei sind weniger die Nutzenaspekte der Arbeitgebermarke von Bedeutung, sondern vor allem die symbolisch-emotionalen Komponenten. Das bedeutet, eine erste emotionale Assoziation zum Arbeitgeber soll geschaffen werden. Um dies zu erreichen, eignen sich besonders Instrumente der Massenkommunikation, da dabei durch häufig wiederholte Kontakte die

---

[161] Quelle: Eigene Darstellung in Anlehnung an Esch, Schmitt, und Knörle, „Employer Branding Studie 2014: Pole Position bei Bewerbern und Mitarbeiter", S. 19.

[162] Vgl. „Definition » Involvement « | Gabler Wirtschaftslexikon", zugegriffen 1. März 2018, http://wirtschaftslexikon.gabler.de/Definition/involvement.html.

vergleichsweise bessere Wirkung erzielt wird. Bei der aktiveren Zielgruppe der High-Involvement-Phase stehen vorrangig die konkreten Nutzenkomponenten im Fokus. Dabei gilt es herauszustellen, welche attraktiven Nutzenelemente man als Arbeitgeber im Vergleich zu den Wettbewerbern besitzt. Dazu eignen sich besonders die Instrumente der persönlichen Kommunikation, da hierbei besonders viele Informationen vermittelt werden können und auch kritische Fragen der Zielgruppe individuell behandelt werden können, um letztlich Sicherheit bei der Arbeitgeberwahl zu vermitteln.[163]

Nachfolgende Übersicht fasst die Aspekte der externen Umsetzung in Bezug auf das Involvement der Zielgruppe zusammen:

Merkmal	High-Involvement	Low-Involvement
Ziel	• Bekanntheit erhöhen • Vermittlung von Informationen • Wissen schaffen	• Aktualität gewährleisten • Wecken von Emotionen • Vertrauen und Identifikation entwickeln
Botschaft	• Enthält Werte und Nutzenversprechen • rational, funktional und überzeugend • lang, viele Informationen	• Enthält Name des Arbeitgebers/ Unternehmens, lebendige Emotionen und Erlebnisse • emotional, faszinierend, greifbar • kurz
Gestaltung	Sprache, Text	Bilder, Events, akustische Signale
Wiederholung	gering	hoch
Instrumente	persönliche Kommunikation	Massenkommunikation

Tabelle 3: Involvementbezogene Kommunikation im Employer Branding [164]

3.4 Kontrolle

Nachdem die Arbeitgebermarke strategisch im internen und externen Umfeld implementiert wurde, sollte, wie bei jedem Wertschöpfungsprozess mit vielen Kompetenzbereichen, eine Kontrolle stattfinden, inwieweit die definierten Ziele erreicht wurden.[165] Im Rahmen dieser Arbeit soll Markencontrolling als „die Informationsversorgung aller an der Markenführung beteiligten Personen und die Beurteilung aller Markenführungs-

---

[163] Vgl. Burg und Heuser, *Distribution und Handel in Theorie und Praxis*, S. 521 f.

[164] Quelle: Eigene Darstellung in Anlehnung an Petkovic, *Employer Branding*, S. 176; Burg und Heuser, *Distribution und Handel in Theorie und Praxis*, S. 521 f.

[165] Vgl. Klein und ScienceFactory, *Employer Branding*, S. 20.

aktivitäten hinsichtlich deren Effektivität und Effizienz"[166] verstanden werden. Sofern das Management des Employer Brandings Abweichungen von den festgelegten Zielen im Rahmen des Controllings feststellt, können etwaige Weiterentwicklungen des Kommunikationsprogramms oder sogar Strategieverbesserungen in Betracht gezogen werden. Damit leistet das Employer Brand Controlling einen wesentlichen Beitrag zur Effizienz- und auch zur Wirtschaftlichkeit der gesamten Arbeitgebermarkenbildung.[167] Das Controlling betrachtet sowohl den Aufbau der Arbeitgebermarke, als auch die Markenführung und sollte ganzheitlich ausgelegt sein.[168] Die ganzheitliche Ausrichtung bezieht sich zusammenfassend auf das Miteinbeziehen folgender Kontrollaspekte:

- die festgelegten Ziele und Maßnahmen im Rahmen der Markenführung
- die Umsetzung der Maßnahmen im Sinne konkreter Handlungsmaßnahmen
- die Ergebnisse der Markenführung[169]

Voraussetzung hierfür ist, bereits in der Strategie-Planungs-Phase (Vgl. hierzu Kapitel 3.2.2) klare Ziele zu definieren und die Festlegung von entsprechend geeigneten quantitativen sowie qualitativen Zielgrößen, den sogenannten Key Performance Indicators (KPIs).[170] Ziele können demnach zum Beispiel sein, die Bekanntheit zu erhöhen (kognitives Ziel), die Treue der Mitarbeiter zu stärken (affektives Ziel) oder auch die Anzahl der (Initiativ-)Bewerbungen zu steigern und damit „Employer-of-Choice" zu sein (konatives Ziel).[171] Eine hilfreiche Möglichkeit zur Strukturierung im Markencontrolling stellt die Einordung der Ziele in ein Employer Branding Funnel (dt.: Trichter) dar. Hierbei können alle Ziele individuell mit den dafür initiierten Maßnahmen definiert und stufenweise im Funnel eingeordnet werden[172]. Nachfolgende Grafik zeigt wie ein „Employer Branding Funnel" aussehen kann[173]:

---

[166] Heribert Meffert, Christoph Burmann, und Martin Koers, Hrsg., *Markenmanagement: identitätsorientierte Markenführung und praktische Umsetzung: mit Best Practice-Fallstudien*, 2., vollständig überarbeitete und erweiterte Auflage, Meffert Marketing Edition (Wiesbaden: Gabler, 2013), S. 75.

[167] Vgl. Walter und Kremmel, *Employer Brand Management*, S. 216.

[168] Vgl. Petkovic, *Employer Branding*, S. 230.

[169] Vgl. Franz-Rudolf Esch, *Strategie und Technik der Markenführung*, 7. Aufl. (München: Vahlen, 2012), S. 581.

[170] Vgl. Esch, Schmitt, und Knörle, „Employer Branding Studie 2014: Pole Position bei Bewerbern und Mitarbeiter", S. 18.

[171] Vgl. Petkovic, *Employer Branding*, S. 231 f.

[172] Vgl. Esch, *Strategie und Technik der Markenführung*, 2014, S. 164.

[173] Eine nähere Ausführung der in der Grafik aufgezeigten KPIs folgt im nächsten Gliederungspunkt 3.4.1

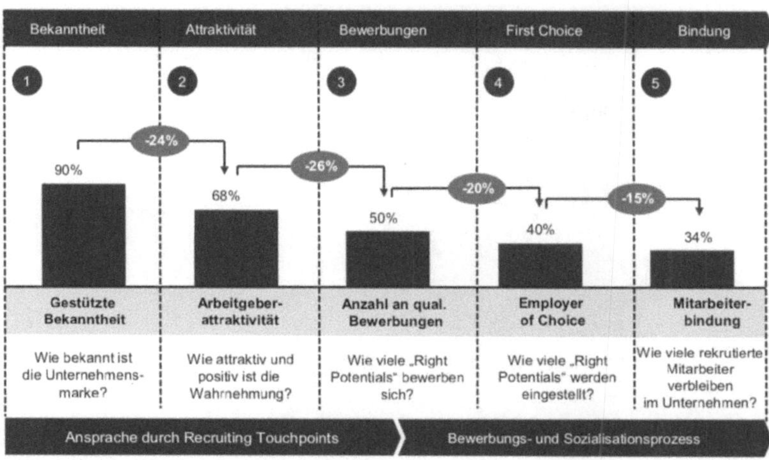

Abbildung 9: Employer Branding Funnel [174]

Bei dieser Methode der Erfolgsmessung werden sowohl absolute Werte als auch relative Werte (Conversion) für die einzelnen Prozessabschnitte erfasst.[175] Durch die Conversion Rate können Unternehmen zielkonform kontrollieren wie vielen potentiellen Kandidaten das Unternehmen bekannt ist, welche davon zu Interessenten umgewandelt werden und sich bewerben, und wie viele von ihnen tatsächlich geeignet sind, angestellt werden und dem Unternehmen treu bleiben.[176]

3.4.1 Kennzahlen und Instrumente für das Employer Brand Controlling

Für den Erfolg des Employer Brand Controlling ist es sinnvoll ein individuelles Kennzahlensystem zu entwickeln, welches sich von den zuvor festgelegten Zielen ableitet und gleichzeitig die einzelnen Zielebenen miteinbezieht. Je nachdem aus welchem Blickwinkel Unternehmen ihr Employer Branding betrachten, können unterschiedlichste KPI-Systeme entwickelt werden.[177] Folgende Grafik zeigt beispielhaft, wie ein solches Kennzahlensystem aussehen kann, welches zwischen Rekrutierungszielen und psychografischen Markenzielen differenziert:

---

[174] Quelle: Esch, *Strategie und Technik der Markenführung*, 2014, S. 164.

[175] Vgl. Esch, S. 165.

[176] Vgl. Richard Mosley und Lars Schmidt, *Employer branding*, For dummies (Hoboken, NJ: John Wiley & Sons, Inc, 2017), S. 285.

[177] Vgl. Walter und Kremmel, *Employer Brand Management*, S. 216.

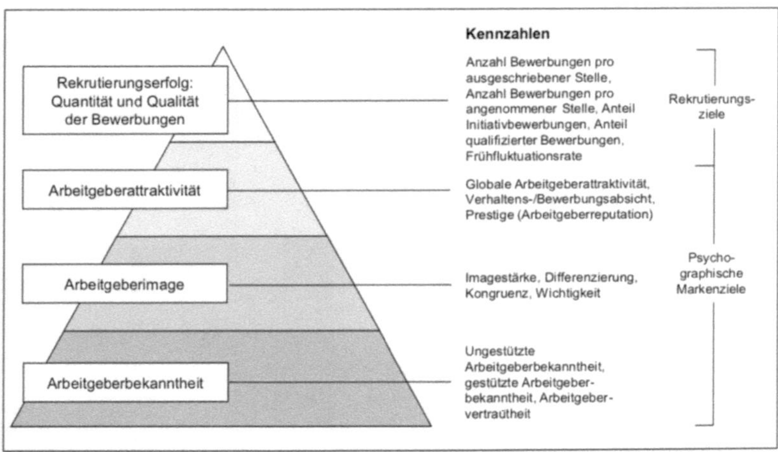

Abbildung 10: Zielebenen und mögliche Kennzahlen des Employer Brandings[178]

Hinsichtlich der Kennzahlen für die Kontrolle von Rekrutierungszielen können hierbei sowohl die Quantität, als auch die Qualität der Bewerbungen gemessen werden. Die Anzahl der qualitativen Bewerbungen gilt als quantitatives Maß der Arbeitgeberattraktivität. Bei der Messung der Bewerbungen ist jedoch darauf zu achten, dass die Anzahl auch durch äußere Gegebenheiten, wie Wirtschaftsaufschwung oder Rezession, in ihrer Quantität beeinflusst werden.[179] Nach Walter und Kremmel sind für die Kontrolle des Rekrutierungserfolgs folgende Rechnungen von Bedeutung, die allesamt auf bestehende Daten des Personalcontrollings zurückgreifen:[180]

---

[178] Quelle: Walter und Kremmel, S. 217.

[179] Vgl. Esch, *Strategie und Technik der Markenführung*, 2014, S. 165.

[180] Vgl. Walter und Kremmel, *Employer Brand Management*, S. 217 f.

Kennzahlen zur quantitativen Kontrolle:

Anzahl Bewerbungen pro ausgeschriebener Stelle:

$$\frac{\text{Anzahl Bewerbungen}}{\text{Anzahl ausgeschriebener Stellen}}$$

Anteil Initiativbewerbungen:

$$\frac{\text{Anzahl Initiativbewerbungen}}{\text{Anzahl Bewerbungen}} \times 100 \ [\%]$$

Kennzahlen zur qualitativen Kontrolle des Rekrutierungserfolgs:

Anteil qualifizierte Bewerbungen:

$$\frac{\text{Anzahl qual.Bewerbungen}}{\text{Anzahl Bewerbungen}} \times 100 \ [\%]$$

Frühfluktuationsrate (Mishire rate):

$$\frac{\text{Aufgelöste Arbeitsverhältnisse in derProbezeit}}{\text{Anzahl Einstellungen}} \times 100 \ [\%]$$

Ergänzende Kennzahlen zur Kontrolle des Rekrutierungserfolgs:

Kosten pro Einstellung (Cost per hire):

$$\frac{\text{Gesamkosten Personalbeschaffung}}{\text{Anzahl Einstellungen}}$$

Grad der Personaldeckung:

$$\frac{\text{Anzahl Einstellungen}}{\text{Anzahl benötigter Mitarbeiter}} \times 100 \ [\%]$$

Die Kontrolle der psychografischen Markenziele bezieht sich vorrangig auf die KPIs Arbeitgeberbekanntheit, Arbeitgeberimage und Arbeitgeberattraktivität. Um diese Kennzahlen zu überwachen, müssen regelmäßige Umfragen und Tests durchgeführt werden, welche für das Controlling geeignete Daten liefern.[181]

Kontrolle der Arbeitgeberbekanntheit

Diese Kennzahl kann sich neben dem Bekanntheitsgrad an sich auch auf die Vertrautheit zum Arbeitgeber beziehen.[182] Die Arbeitgeberbekanntheit gilt als Voraussetzung dafür, dass ein Unternehmen im Prozess der Arbeitgeberwahl überhaupt Berücksichtigung findet[183]. Als Instrumente zur Messung eignen sich besonders gut Recall-Tests sowie Recognitiontests, die sich in der Art der Befragung nach gestützter- und ungestützter Markenbekanntheit unterscheiden. Der Recall-Test wird herangezogen, um

---

[181] Vgl. Walter und Kremmel, S. 220.

[182] Vgl. Walter und Kremmel, S. 220.

[183] Vgl. Buckesfeld, *Employer Branding*, S. 49 in Anlehnung an Kuß, A. (2006), S. 219.

die aktive (ungestützte) Bekanntheit zu eruieren.[184] Hierbei werden die Umfrageteilnehmer nach Arbeitgeber im Allgemeinen gefragt, eventuell unter Nennung von bestimmten Eigenschaften wie Branchen, Größe oder Standort der Unternehmen.[185] Auf Basis der Antworten kann so berechnet werden, wie viele der Befragten Personen das eigene Unternehmen in diesem Kontext erwähnt haben und wie groß der Anteil derer ist, die das Unternehmen sogar als erste Assoziation als Arbeitgeber („Top of Mind"-Anteil) genannt haben.[186] Der Recognition-Test gibt Aufschluss über die passive (gestützte) Arbeitgeberbekanntheit. Hierbei wird der Name des Arbeitgebers genannt, bzw. aus einer Liste ausgewählt, um zu ermitteln ob den Teilnehmern der Arbeitgeber nach Nennung bekannt ist.[187] Bei Befragungen zur Kennzahl der Arbeitgebervertrautheit ist es Ziel herauszufinden, inwieweit die Umfrageteilnehmer bereits konkrete Erfahrungen mit dem Unternehmen als Arbeitgeber gemacht haben und somit eine gewisse Vertrautheit mit dem Unternehmen aufweisen.[188]

Kontrolle des Arbeitgeberimages

Die Imagestärke, die externe Wahrnehmung des Arbeitgebers und die damit verknüpften Werte können beispielsweise durch Assoziationstests abgefragt werden. Auch hierbei kann gestützt oder ungestützt das Wissen, die Eigenschaften und die Vorstellungen über den Arbeitgeber im Rahmen einer Umfrage abgefragt werden.[189] Je eher die relevanten Merkmale dem Unternehmen zugeordnet werden und mit der Positionierung der Arbeitgebermarke übereinstimmen desto erfolgreicher waren die Employer Branding Maßnahmen und desto höher ist die Markenstärke. Die Ergebnisse der Assoziationsmessungen halten viele Möglichkeiten zur Kontrolle bereit. So können die beim Teilnehmer gespeicherten Gedächtnisinhalte in Relation zu den beabsichtigten Positionierungsinhalten der Marke gesetzt werden oder es kann die allgemeine Richtung der Assoziationen (positiv, negativ, neutral) erfasst werden. Zudem können die gespeicherten Assoziationen der Teilnehmer zur eigenen Marke mit den Gedächtnisinhalten verglichen werden, die sie zu Konkurrenzmarken verinnerlicht haben.[190]

Kontrolle der Arbeitgeberattraktivität

Bei der Arbeitgeberattraktivität geht es um all die Faktoren, welche die Arbeit bei einem Unternehmen beeinflussen. Hierzu zählen zum Beispiel (Hygiene-) Faktoren wie Gehalt, Sozialleistungen und Arbeitszeiten. Aber auch die Motivatoren wie Gesundheits-

---

[184] Vgl. Esch, *Strategie und Technik der Markenführung*, 2012, S. 596.

[185] Vgl. Petkovic, *Employer Branding*, S. 231.

[186] Vgl. Walter und Kremmel, *Employer Brand Management*, S. 223.

[187] Vgl. Petkovic, *Employer Branding*, S. 231.

[188] Vgl. Walter und Kremmel, *Employer Brand Management*, S. 221.

[189] Vgl. Petkovic, *Employer Branding*, S. 231 in Anlehnung an Esch, F.R. (2003), S. 492 ff.

[190] Vgl. Esch, *Strategie und Technik der Markenführung*, 2012, S. 609.

management, Betriebsklima, Karrierechancen und die individuelle Behandlung von Angestellten von Relevanz.[191] Arbeitgeberrankings und die Meinungen von aktuellen aber auch ehemaligen Mitarbeitern in Arbeitgeberbewertungsportalen wie Kununu oder Glassdoor, bilden beim Controlling hilfreiche Instrumente. Ein Vorteil solcher Portale ist zudem die Möglichkeit zum direkten Vergleich mit Wettbewerbern.[192] Ein weiterer Indikator für die Attraktivität als Arbeitgeber, aber auch für die Wettbewerbsfähigkeit, ist die Kennzahl „Employer of Choice", welche zwei wichtige Ziele des Employer Brandings vereint. Einerseits erste Wahl bei der Arbeitgebersuche zu sein, andererseits dabei Kandidaten mit der besten Eignung und Qualifikation anzusprechen. Eine Steigerung dieses KPI durch Employer Branding Maßnahmen sollte in regelmäßigen Abständen kontrolliert werden.[193]

Eine weitere Möglichkeit zur Gliederung von Employer Branding Zielen und dazugehörigen KPIs stellt der Aufbau einer umfassenden Employer Brand Scorecard dar.

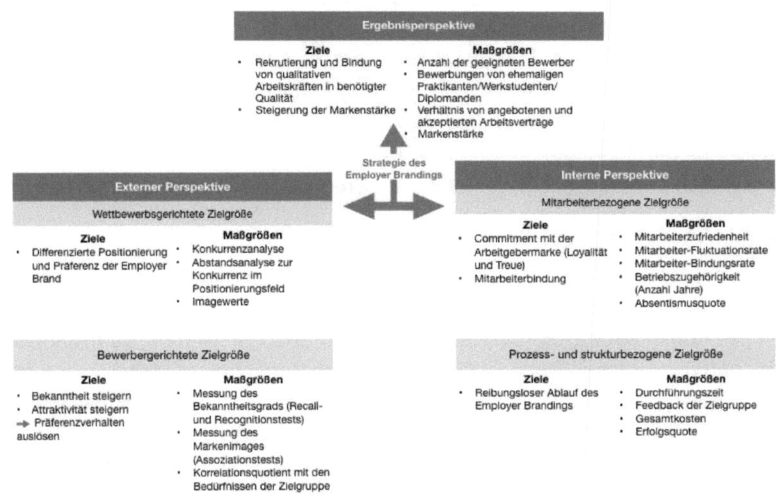

Abbildung 11: Employer Brand Scorecard[194]

---

[191] Vgl. „Arbeitgeberattraktivität", zugegriffen 26. Februar 2018, https://www.employer-branding-now.de/employer-branding-wiki-lexikon/arbeitgeberattraktivitaet-employer-branding-wiki.

[192] Vgl. Franz-Rudolf Esch, *Strategie und Technik der Markenführung*, 8. Aufl. (München: Verlag Franz Vahlen GmbH, 2014), S. 165,

[193] Vgl. Esch, *Strategie und Technik der Markenführung*, 2014, S. 165 f.

[194] Quelle: Eigene Darstellung in Anlehnung an Burg und Heuser, *Distribution und Handel in Theorie und Praxis*, S. 525.

Sie bildet die externe Perspektive und die interne Perspektive des Employer Brandings Konzeptes ab. In der Ergebnisperspektive wird die Wirkung des Ergebnisses dargestellt und die Akzeptanz aus Bewerbersicht, sowie die Wettbewerbsfähigkeit als Arbeitgeber aufgezeigt. Durch einen Soll-Ist-Vergleich der Ergebnisgrößen kann so die Qualität und der Erfolg des Employer Brandings untersucht werden. Die Employer Brand Scorecard stellt typische Ziele und Kennzahlen des Employer Brandings dar, die sich in Unternehmen, unabhängig von Branche, Größe oder Strukturen, oftmals sehr ähneln. Sie bietet sich daher als hilfreiches Controllinginstrument für viele verschiedenen Unternehmen an, welches eine ausgewogene Betrachtung der internen-, externen- und der Ergebnisperspektive vereint.[195]

3.4.2 Interpretation der Ergebnisse des Employer Brand Controllings

Der Sinn des Employer Brand Controllings ist es, die Effizienz und die Effektivität der Arbeitgebermarke zu kontrollieren und anschließend etwaige Verbesserungsmöglichkeiten abzuleiten. Die gewonnenen Ergebnisse müssen daher sorgfältig interpretiert werden, um sinnvolle Konsequenzen für den weiteren Verlauf des Employer Brand Managements herauszustellen. Von Bedeutung für die Interpretation sind alle Parameter, die auf den bisherigen Erfolg aber auch auf die Defizite des Employer Brandings Einfluss hatten. Eine Interpretation der Erkenntnisse kann sich somit auf die Kommunikation, die Strategie und auch auf die am Prozess beteiligten Personen beziehen.[196]

Interpretation der Ergebnisse hinsichtlich der Kommunikation:

Werden durch die Controlling-Ergebnisse Diskrepanzen zwischen den festgelegten Zielen und den tatsächlich erreichten Ergebnissen festgestellt, müssen Veränderungen des Kommunikationsprogramms in Betracht gezogen werden. Je nachdem ob die Ziele unter- oder überschritten wurden, muss das Kommunikationsprogramm in Bezug auf die Reichweite, die Frequenz, die Qualität oder auch den Kommunikationsdruck angepasst werden. Falls es Unternehmen beispielsweise nicht gelingt, die Arbeitgeberbekanntheit oder die Arbeitgeberattraktivität in gewünschten Maße zu erhöhen, kann dies bedeuten, dass höher frequentierte, mit mehr Druck geschaltete Werbekampagnen zur Bildung der Arbeitgebermarke nötig sind. Falls hingegen zu viele Bewerbungen eingehen, sollte eine Reduzierung in Bezug auf Frequenz und Kommuni-

---

[195] Vgl. Burg und Heuser, S. 524 ff.; in Anlehnung an Heribert Meffert, Christoph Burmann, und Martin Koers, Hrsg., *Markenmanagement: identitätsorientierte Markenführung und praktische Umsetzung: mit Best Practice-Fallstudien*, 2., vollständig überarbeitete und erweiterte Auflage, Meffert Marketing Edition (Wiesbaden: Gabler, 2005), S. 287 f.

[196] Vgl. Walter und Kremmel, *Employer Brand Management*, S. 231.

kationsdruck erfolgen. Das Controlling hat damit zum Zweck, die Relation zwischen Input und Output zu verbessern.[197]

Interpretation der Ergebnisse hinsichtlich der Employer Branding Strategie:

Defizite, die durch die Erkenntnisse des Controllings aufgedeckt werden, beziehen sich hinsichtlich der Strategie meist auf die gewählte Arbeitgeberpositionierung. Sollte trotz hoher Bekanntheit keine ausreichende Attraktivität als Arbeitgeber festgestellt werden, kann das darauf hinweisen, dass die Positionierung bei den Zielgruppen nicht angemessen akzeptiert wird. Ebenso ist es möglich, dass aufgrund einer zu hohen Attraktivität zu viele unpassende Bewerbungen eingehen, die aufwendig selektiert werden müssen. In diesem Fall ist es ratsam, das Image so auszurichten, dass es zur Selektion potentieller Bewerber beiträgt. Der Fokus der Positionierung sollte auf der Kombination aus Erwartungen des Unternehmens an die Bewerber/Kandidaten sowie der Konzentration auf Arbeitgebereigenschaften, liegen. Eine Umpositionierung der Arbeitgebermarke ist denkbar, sollte aber aufgrund des grundlegenden Charakters der Strategie nur nach sorgfältiger Überlegung und Analyse anderer potentiell ursächlicher Faktoren in Betracht gezogen werden.[198]

Interpretation der Ergebnisse hinsichtlich der beteiligten Personen:

Das Handeln der Personen, die das Employer Brand Management steuern, muss messbar anhand des Erfolgs der Arbeitgebermarke sein, da die Erreichung von Zielen Basis für die Gewährung von Lohnerhöhungen, Prämien oder Zusatzleistungen sein kann. Bei der Beurteilung ist jedoch darauf zu achten, dass nur einige Erfolgsfaktoren tatsächlich durch die handelnden Personen beeinflussbar sind. Jene Faktoren die sich auf die Bekanntheit, die Attraktivität oder das Image als Arbeitgeber beziehen, sind direkt durch das Employer Brand Management beeinflussbar. Während Rekrutierungsziele darüber hinaus von vielen anderen Einflüssen geprägt sind, die außerhalb der Handlungsmacht des Employer Brandings liegen.[199]

---

[197] Vgl. Walter und Kremmel, S. 231 f.

[198] Vgl. Walter und Kremmel, S. 232.

[199] Vgl. Walter und Kremmel, S. 232.

4 Employer Branding als Differenzierung für den Mittelstand

4.1 Definition von mittelständischen Unternehmen

Mittelständische Unternehmen sind kaum zu vergleichen mit großen Konzernen. Sie weisen meist ein kleineres Spektrum an Produkten und Dienstleistungen auf, beschäftigen überschaubarere Mitarbeiterzahlen und sind als Marken selten außerhalb ihrer Region oder Branche bekannt.[200] Dennoch misst der Mittelstand in Deutschland mit 99% den größten Anteil aller Unternehmen und beschäftigt einen Großteil aller Arbeitnehmer.[201]

Eine klare, allumfassende Definition von mittelständischen Unternehmen existiert nicht, eher eine Struktur von Kennzahlen, anhand welcher man Unternehmen dem Mittelstand zuordnen kann. Diese können nach qualitativen und quantitative Kriterien unterteilt werden. So werden Unternehmen quantitativ als mittelständisch angesehen, die je nach Gewerbe zwischen 1 und 50 Mio. € Jahresumsatz aufweisen und deren Personalbestand zwischen 10 und 499 Beschäftigte zählt.[202] Auch die Bewertung der Marktanteile kann bei der quantitativen Einordnung herangezogen werden. Zudem zeichnen sich mittelständische Unternehmen häufig dadurch aus, dass es sich um Familienunternehmen handelt bei denen häufig Unternehmensführung und Unternehmenseigentum (mindestens 50% der Anteile) auf dieselbe Person zurückfallen. Dieses Kriterium zählt zu den qualitativen Kriterien, die meist auf die Rolle des Unternehmers und dessen Einwirken auf den gesamten unternehmerischen Prozess abzielen. Schumacher und Windau betonen in diesem Kontext die Unternehmenspersönlichkeit und stellen heraus, dass „das Mittelstandsunternehmen – anders als die am Reißbrett konstruierten und administrierten Großkonzerne – als ein wirtschaftlich-sozialer Organismus mit ‚Eigenleben‘ zu verstehen ist".[203] Bei der Betrachtung von Mittelstandsunternehmen als lebendiger Organismus, bedeutet das wie für alle Organismen, das die Anpassungs- und die Differenzierungsfähigkeit die elementaren Voraussetzungen für das Überleben darstellen.[204]

Nach Definitionen des Instituts für Mittelstandsforschung Bonn sind die Begriffe Mittelstand, Eigentürmer-Unternehmen, Familienunternehmen und familiengeführte

---

[200] Vgl. Immerschitt und Stumpf, *Employer Branding für KMU*, S. 17.

[201] Vgl. Bundesministerium für Wirtschaft und, „Erfolgsmodell Mittelstand", zugegriffen 3. März 2018, http://www.bmwi.de/Redaktion/DE/Dossier/politik-fuer-den-mittelstand.html.

[202] Vgl. „Definition » Mittelstand « | Gabler Wirtschaftslexikon", zugegriffen 4. Dezember 2017, http://wirtschaftslexikon.gabler.de/Definition/mittelstand.html.

[203] Peter von Windau und Michael Schumacher, *Strategien für Sieger: Erfolgsgeheimnisse mittelständischer Unternehmen* (Frankfurt/Main: Campus-Verl, 1996), S. 30.

[204] Vgl. Weissman, *Die großen Strategien für den Mittelstand*, S. 29.

Unternehmen als Synonyme zu betrachten[205]. Die Schnittmenge von mittelständischen Unternehmen und unabhängigen KMU (kleine und mittlere Unternehmen) ist sehr groß, jedoch wird bei der Beurteilung von KMU der Aspekt der einheitlichen Leitung und Eigentumshaltung außer Acht gelassen.[206] Im Folgendem sollen die Begriffe im Rahmen dieser Arbeit dennoch synonym verwendet werden.

Der berühmte Mittelstand in Deutschland (englisch: „German Mittelstand"), der auch im Ausland als qualitatives Vorbild fungiert[207], misst über 99% (circa 3,5 Millionen mittelständische Unternehmen im Unternehmensregister, Stand: 2015[208]) aller deutschen Unternehmen und stellt somit wirtschaftlich gesehen die größte tragende Säule für die Volkswirtschaft des Landes dar. Mittelständische Unternehmen erzielen ca. 45% der gesamten deutschen Wirtschaftsleistung. Sie beschäftigen ca. 60% aller Erwerbstätigen und stellen ca. 80% aller Ausbildungsplätze in Deutschland. Eine entsprechend wichtige Rolle nehmen mittelständische Unternehmen als Arbeitgeber ein.[209] Das Wirtschaftsmodell des Mittelstandes in Deutschland steht weltweit für Innovation, Qualität, Solidität und Erfolg.[210] Um diese Erfolge fortzuführen, gilt es die Innovationskraft, die Wettbewerbsfähigkeit und die Attraktivität der Beschäftigung in mittelständischen Unternehmen fortlaufend zu stärken.[211]

4.2 Charakteristika von KMU

Neben den quantitativen Merkmalen lassen sich in der Literatur zahlreiche Merkmale finden, die mittelständischen Unternehmen zugeschrieben werden. Aufgrund der großen Bandbreite der einzelnen Unternehmen des Mittelstands, die viele verschiedene Märkte durch unterschiedlichste Produkte und Dienstleistungen bedienen, treffen selten alle gleichermaßen auf die einzelnen Unternehmen zu.[212] Nachfolgend sollen

---

[205] „IfM Bonn: Mittelstandsdefinition des IfM Bonn", zugegriffen 8. Dezember 2017, https://www.ifm-bonn.org/definitionen/mittelstandsdefinition-des-ifm-bonn/.

[206] „IfM Bonn: KMU-Definition der EU-Kommission", zugegriffen 8. Dezember 2017, https://www.ifm-bonn.org/definitionen/kmu-definition-der-eu-kommission/.

[207] Vgl. Gernot Heller, „Unternehmen: Warum der ‚German Mittelstand' nicht kopierbar ist", *DIE WELT*, 18. Juli 2013, https://www.welt.de/wirtschaft/article118171834/Warum-der-German-Mittelstand-nicht-kopierbar-ist.html.

[208] „IfM Bonn: Mittelstand im Überblick", zugegriffen 8. Dezember 2017, https://www.ifm-bonn.org/statistiken/mittelstand-im-ueberblick/#accordion=0&tab=1.

[209] Bundeszentrale für politische Bildung, „Mittelstand | bpb", zugegriffen 4. Dezember 2017, http://www.bpb.de/nachschlagen/lexika/lexikon-der-wirtschaft/20129/mittelstand.

[210] Vgl. Marion Dakers, „Secrets of Growth: The Power of Germany's Mittelstand", *The Telegraph*, 11. Mai 2017, https://www.telegraph.co.uk/connect/small-business/driving-growth/secrets-growth-power-of-germany-mittelstand/.

[211] Vgl. „Erfolgsmodell Mittelstand".

[212] Vgl. Immerschitt und Stumpf, *Employer Branding für KMU*, S. 20.

einige typische Merkmale genannt werden, die häufig Bezug zur Persönlichkeit des Unternehmers haben:

- Die Leitung des Unternehmens liegt oft in der Hand des Eigentümers, dessen Persönlichkeit das Unternehmen maßgeblich prägt.
- Der Unternehmer pflegt den persönlichen Kontakt zu Kunden, Lieferanten und etwaigen für die Organisation relevanten Personen.
- Das Unternehmen ist gekennzeichnet durch geringe Formalisierung.
- Der Kontakt zwischen Mitarbeitern und Leitung ist eng und zwanglos.
- Das Unternehmen geht auf individuelle Kundenwünsche bei der Erstellung von Leistungen ein.
- Das Unternehmen ist unabhängig von Großunternehmen und wird nicht fremd beherrscht.
- Das Unternehmen besitzt nur einen geringen Marktanteil.[213]

Zudem können Merkmale von KMU gegliedert werden nach organisationsspezifischen, führungsspezifischen und personalspezifische Charakteristika, um einen genaueren Bezug zu den Unternehmensbereichen zu schaffen. Nachfolgende Abbildung zeigt eine beispielhafte Übersicht der Charakteristika, aber wie bereits erwähnt, kann unmöglich eine Übereinstimmung der Merkmale mit allen individuellen mittelständischen Unternehmen angenommen werden:

---

[213] Vgl. Josef Mugler, *Grundlagen der BWL der Klein- und Mittelbetriebe*, 2., überarb. und erw. Aufl, Manual (Wien: facultas.wuv Univ.-Verl, 2008), S. 25 ff.

Charakteristika KMU in Bezug auf..		
die Organisation	**die Führung**	**das Personal**
• flache Hierarchien • überschaubare Unternehmensstrukturen • wenige Kontrollmechanismen führen zu hoher Entscheidungsfreudigkeit der Unternehmer • kurze Kommunikations- und Entscheidungswege • geringe Formalisierung • oft nur an einem oder wenigen Standorten ansässig • oftmals begrenztes Kundenspektrum bis hin zur Abhängigkeit von wenigen Großabnehmern • häufig segmentbezogene Leistungsführerschaften • nur selten besitzen KMU Tochtergesellschaften	• Unternehmensleitung und Unternehmenseigentum meist durch die selbe/n Person/en • Fähigkeit des Unternehmers ist für den Erfolg und die Bewältigung von Krisen verantwortlich • häufig Tendenz zu patriarchalischem Führungsstil • hohe Loyalität seitens der Mitarbeiter gegenüber der Unternehmensleitung • enge Verbundenheit zwischen Mitarbeitern und Führung • Unternehmenssicherung und Selbstständigkeit steht meist über der Gewinnmaximierung, aufgrund der Bindung und des privaten Kapitalinteresses des Unternehmers (sofern Führung und Eigentum in einer Hand liegen) • Unternehmer übernehmen viele Aufgaben im Tagesgeschäft selbst	• geringe Anzahl an Mitarbeitern • Großteil der Mitarbeiter wurde bereits im Betrieb ausgebildet • häufig stabile Stammbelegschaft • geringere Fluktuationsrate als in Großbetrieben • enge Mitarbeiterbindung an das Unternehmen • geringe Arbeitsteilung • Personalabteilung beschränkt sich bei kleinen Unternehmen oft nur auf die Verwaltung des Personals • Personalwirtschaftliche Aufgaben werden oft durch Unternehmer selbst übernommen • oftmals geringer Anteil an Akademikern in der Belegschaft • durch überschaubare Strukturen sind Mitarbeiter oft alleinige Wissensträger, wodurch die Verantwortung aber auch die Abhängigkeit von ihnen steigt

Abbildung 12: Charakteristika von KMU in Bezug auf Organisation, Führung und Personal[214]

4.3 Besonderheiten von KMU als Arbeitgeber

„A small business is not a little big business."[215] Kleine Unternehmen sind in ihrer Gesamtheit anders als große Unternehmen, das betrifft auch ihr Dasein als Arbeitgeber.

In Anbetracht der heterogenen Vielfalt an mittelständischen Unternehmen, ist es schwer allgemeingültige Eigenschaften als Arbeitgeber zu nennen. Dennoch gibt es einige charakteristische Arbeitgebermerkmale, die auf viele kleine- und mittlere Unternehmen zutreffen, anhand derer sie sich von managergeführten Großunternehmen differenzieren.[216] Häufig hält sich die These, dass die Arbeitsbedingungen in

---

[214] Quelle: Eigene Darstellung in Anlehnung an Buckesfeld, *Employer Branding*, S. 20 f.; Immerschitt und Stumpf, *Employer Branding für KMU*, S. 24; Jörg Schlüchtermann, Hermann-Josef Tebroke, und Universität Bayreuth, Hrsg., *Mittelstand im Fokus: 25 Jahre BF/M-Bayreuth*, 1. Aufl, Gabler Edition Wissenschaft Schriftenreihe des Betriebswirtschaftlichen Forschungszentrums für Fragen der Mittelständischen Wirtschaft e.V. an der Universität Bayreuth (BF/M-Bayreuth) (Wiesbaden: Dt. Univ.-Verl, 2004), S. 23.

[215] John A. Welsh und Jerry F. White, „A Small Business Is Not a Little Big Business", Harvard Business Review, August 1981, S. 1, http://www.alcocks.co.za/downloads/Appendix%20B_Harvard%20small%20biz%20article.pdf zugegriffen 01. März. 2018.

[216] Vgl. Schlüchtermann, Tebroke, und Universität Bayreuth, *Mittelstand im Fokus*, S. 23.

mittelständischen Unternehmen schlechter sind, als in großen Unternehmen.[217] Diese Ansicht wird meist mit den finanziellen Gegebenheiten begründet: Gehalt und Zusatzleistungen fallen in Großunternehmen aufgrund des größeren Budgets oft höher aus.[218] Ein weiterer Grund könnte sein, dass das Arbeiten bei einem namhaften Unternehmen für viele attraktiver erscheint.[219] Zudem sind durch die, zwar oft geschätzten, flachen Hierarchien in mittelständischen Unternehmen, auch geringere Aufstiegs- und Spezialisierungschancen möglich. Das führt häufig zu einer Positionsabhängigkeit der einzelnen Mitarbeiter.[220] Bei der Betrachtung von anderen wichtigen Merkmalen und Arbeitsbedingungen, fiel jedoch im Rahmen einer Studie des Instituts für Mittelstandsforschung Bonn auf, dass mittelständische Unternehmen in der Beurteilung oft besser abschneiden. Kleine bis mittlere Unternehmen[221] wurden in acht von insgesamt 17 Eigenschaften als Arbeitgeber besser bewertet als mittlere bis große Unternehmen. Dazu zählen Merkmale wie „abwechslungsreiche Tätigkeiten", „Arbeitsplatz am Wohnort", „selbstständiges Gestalten des Arbeitsablaufes" und die „Einbindung in wichtige Unternehmensentscheidungen". [222] Diese Art der Einbindung fördert die Bindung der Mitarbeiter an das Unternehmen, das Zugehörigkeitsgefühl und auch die Leistung.[223]

Wie bereits genannt, herrschen in KMU oft flache Hierarchien mit kurzen Entscheidungswegen vor, mit engem, informellem persönlichen Kontakt zwischen Leitung und Personal. Folglich kommt der personalen und sozialen Komponente große Bedeutung in mittelständischen Unternehmen zu. Sie stellen einen wesentlichen Erfolgsfaktor für das unternehmerische Gelingen dar.[224] Mittelständler betonen in diesem

---

[217] Vgl. Immerschitt und Stumpf, *Employer Branding für KMU*, S. 28.

[218] Vgl. Immerschitt und Stumpf, S. 26.

[219] Vgl. Arndt Werner, „Arbeitsbedingungen in KMU - Eine Multivariate Analyse", Analyse, Jahrbuch zur Mittelstandsforschung 1/2004 (Wiebaden: IfM Institut für Mittelstandsforschung, November 2004), S. 3, https://www.ifm-bonn.org/uploads/tx_ifmstudies/106_nf_1.pdf.

[220] Vgl. Andrea Müller und School of Management and Law (Winterthur), *Praxisleitfaden Arbeitgeberattraktivität: Instrumente zur Optimierung der Arbeitgeberattraktivität in kleinen und mittleren Unternehmen* (Chur: HTW, Hochschule für Technik und Wirtschaft, 2011), S. 8, http://www.htwchur.ch/uploads/media/Praxisleitfaden_Arbeitgeberattraktivitaet_-_Endversion_-_mit_Titelseite.pdf.

[221] Im Rahmen der Untersuchung des IfM Bonn werden Kleinunternehmen mit einer Beschäftigung von unter 20 Arbeitnehmern definiert. Kleine bis mittlere Unternehmen messen hier 20-200 Arbeitnehmer und mittlere bis große Unternehmen 200-2000 Arbeitnehmer.

[222] Vgl. Rosemarie Kay und Arndt Werner, „Rekrutierungschancen und -probleme von kleinen und mittleren Unternehmen." (Nürnberg, 29. April 2008), S. 29 f., http://doku.iab.de/veranstaltungen/2008/fachkraefte_2008_kay_werner.pdf.

[223] Vgl. Immerschitt und Stumpf, *Employer Branding für KMU*, S. 29.

[224] Vgl. Clemens Renker, *Marketing im Mittelstand: Anforderungen, Strategien, Maßnahmen*, 3., neu bearb. Aufl (Berlin: Schmidt, 2009), S. 64.

Zusammenhang häufig, dass sie das qualifizierte und motivierte Personal als treibende Kraft des Unternehmens ansehen. Jedoch besteht hinsichtlich der personalpolitischen Strategie oftmals noch Handlungsbedarf, um das volle Potenzial als Arbeitgeber auszuschöpfen und dieses auch nach außen zu kommunizieren.[225]

Die Besonderheit der mittelständischen Unternehmen als Arbeitgeber zeigt sich eben auch darin, dass sie es häufig erheblich schwerer haben als Arbeitgeber wahrgenommen zu werden. Meist sind ihre Marken kaum bekannt, oder nur innerhalb der Branche in der sie tätig sind, auch wenn sie überaus erfolgreich in ihrem unternehmerischen Handeln sind. Dadurch können sie nicht wie Großunternehmen von den Synergieeffekten der Produktmarke profitieren, sondern müssen die Aufmerksamkeit auf ihr Dasein als Arbeitgeber aktiv steuern.[226]

4.4 Differenzierung als Wettbewerbsvorteil am Arbeitsmarkt

In Deutschland gibt es knapp 3,5 Millionen Unternehmen und jedes von ihnen bietet Arbeitsplätze an.[227] Im Wettbewerb um die besten Kandidaten bedeutet das, dass der Konkurrenzdruck steigt, gerade in Zeiten in denen es schwierig ist ausreichend qualifiziertes Personal zu finden. Die potentiellen Mitarbeiter wiederum finden sich in einer Informationsflut der werbenden Unternehmen wieder.[228] Unternehmen müssen sich deshalb strategisch klar positionieren, Anreize für potentielle und bestehende Mitarbeiter schaffen und wahrgenommen werden.[229] Um neben vielen weiteren Unternehmen bestehen zu können, ist die eigene Differenzierung eine Vorrausetzung. Ähnliche Strukturen, Botschaften und Werte führen zur Austauschbarkeit und das führt wiederrum zu Misserfolg.[230] Anders ausgedrückt: „Je größer die Differenzierung, desto größer sind die Harmonie und der Wohlstand, je ähnlicher die Strukturen, umso brutaler der Verdrängungswettbewerb."[231]

Die meisten Unternehmen werben als Arbeitgeber mit den immer gleichen Attributen und Versprechen: „modern", „spannend", „nachhaltig", „engagiertes Team", „flexible Arbeitszeiten" und „interessante Aufgaben". Auch die Karriereseiten der Unternehmen

---

[225] Vgl. Buckesfeld, *Employer Branding*, S. 18 f. in Anlehnung an Beise,M./Schmittmann, S. (2007),S.108 f.

[226] Vgl. Stotz und Wedel-Klein, *Employer Branding*, S. 11.

[227] Vgl. „Gesamtwirtschaft & Umwelt - Unternehmensregister - Unternehmensregister - Statistisches Bundesamt (Destatis)", zugegriffen 5. März 2018, https://www.destatis.de/DE/ZahlenFakten/GesamtwirtschaftUmwelt/UnternehmenHandwerk/Unternehmensregister/Tabellen/UnternehmenBeschaeftigteUmsatzWZ08.html (Stand 30.09.2017).

[228] Vgl. Stotz und Wedel-Klein, *Employer Branding*, S. 48.

[229] Vgl. Künzel, Erfolgsfaktor Employer Branding, S. 137.

[230] Vgl. Weissman, *Die großen Strategien für den Mittelstand*, S. 28.

[231] Weissman, S. 28.

ähneln sich, vor allem innerhalb der Branchen - teilweise werden sogar dieselben Symbol-Fotos aus Onlinefotodatenbanken verwendet. Das Risiko dabei, sich wie alle anderen Arbeitgeber darzustellen, ist es, dass die tatsächlich vorhandenen Vorzüge und Besonderheiten des Unternehmens vernachlässigt werden. Dadurch können sie für (potentielle) Mitarbeiter keine authentische Orientierung bieten.[232]

Gutes Employer Branding sollte immer eine authentische Wettbewerbsdifferenzierung beinhalten, um der Austauschbarkeit als Arbeitgeber vorzubeugen. Daher ist es entscheidend, die jeweiligen austauschbar wirkenden Eigenschaften und Vorzüge, als individuelle Kombination, zu einem Differenzierungsmerkmal zusammenzufassen. So kann zum Beispiel ein Unternehmen mit familiären Strukturen, flachen Hierarchien, spannenden Aufgaben und offenem Klima ein Differenzierungsmerkmal erreichen, indem diese Attribute durch individuelle Gegebenheiten des Unternehmens ergänzt werden. Für ein mittelständisches Unternehmen könnte das wie folgt realisiert werden: „Wir verstehen uns als ein Unternehmen mit familiären Strukturen, bieten aber durch die internationale Ausrichtung trotzdem die Möglichkeit für eine globale Karriere. Durch die flachen Hierarchien mit 120 Mitarbeitern haben wir die Möglichkeit flexibel zu agieren, neue Lösungen schnell zu realisieren und sind dadurch immer offen für die Ideen unserer Mitarbeiter." Erst durch die Kombination von attraktiven und individuellen Attributen und Gegebenheiten wirkt man der Austauschbarkeit am Arbeitsmarkt entgegen. [233]

Employer Branding als gesamtstrategisches Konstrukt zur Differenzierung, bietet viele Möglichkeiten für KMUs, um sich auch gegenüber großen Unternehmen am Arbeitsmarkt durchzusetzen. Der sorgfältige Aufbau und das Leben einer Arbeitgebermarke geben mittelständischen Unternehmen so einen Rahmen, um sich ihrer Einzigartigkeit bewusst zu werden und diese Differenzierung auch nach außen zu tragen. Die Arbeitgebermarke gibt potentiellen Bewerbern Orientierung bei ihrer Arbeitgeberwahl und Mitarbeiter werden durch sie in ihrer Entscheidung, dem Unternehmen treu zu bleiben, bestärkt. Dadurch stellt sie einen entscheidenden Differenzierungsfaktor für KMU im Wettbewerb um die besten Talente dar.[234]

4.5 Chancen und Herausforderungen für mittelständische Unternehmen

Der Erfolg von mittelständischen Unternehmen hängt erheblich von der Fähigkeit ab, wie schnell und wie gut technologische, ökologische, gesellschaftliche, wirtschaftliche und soziale Herausforderungen erkannt und strategisch gemeistert werden.[235] Dass

---

[232] Vgl. Künzel, *Erfolgsfaktor Employer Branding*, S. 39.

[233] Vgl. Künzel, S. 226 f.

[234] Vgl. Stotz und Wedel-Klein, *Employer Branding*, S. 48.

[235] Vgl. Weissman, *Die großen Strategien für den Mittelstand*, S. 47.

Mitarbeiter durch Eigeninitiative, Kreativität und Leistung ein entscheidender Erfolgsfaktor für Unternehmen darstellen, ist heute stark im Bewusstsein der Unternehmen verankert.[236] In der Praxis von mittelständischen Unternehmen zeigt sich deutlich, dass jene Unternehmen mit der größten Mitarbeiterorientierung am erfolgreichsten sind.[237]

Mittelständische Unternehmen haben, wie bereits erwähnt, viele Vorzüge für ihre Angestellten zu bieten. Spannende und abwechslungsreiche Aufgaben, die Einbindung der Mitarbeiter in wichtige Unternehmensentscheidungen und die Nähe zum Wohnort machen sie zu guten Arbeitgebern mit zufriedenen Mitarbeitern. Dies bringt mit sich, dass die Fluktuation in familiären Mittelstandsunternehmen meist geringer ist als in anonymen Großkonzernen. Dadurch sind sie auch seltener damit konfrontiert, am Arbeitsmarkt um die fähigsten Kandidaten konkurrieren zu müssen. Entsprechend wenig präsentiert sich der Mittelstand bisher als Arbeitgeber, wodurch die Unternehmen oft übersehen oder falsch wahrgenommen werden. Hier liegt die klare Aufgabe des Employer Brand Managements, diese Herausforderung strategisch zu meistern und die vorhandenen Vorzüge als mittelständischer Arbeitgeber erlebbar und sichtbar zu machen.[238] Aufgrund der Tatsache, dass mittelständische Unternehmen meist nicht von den Synergieeffekten einer großen Marke oder einem spannenden Umfeld profitieren können, ist die Relevanz sich mit Arbeitgeberattraktivität und Arbeitgebermarke auseinanderzusetzen für sie deutlich erhöht.[239] Auch wenn KMU nicht die Ressourcen (zeitlich, finanziell, personell) für komplexe Werbemaßnahmen und teure Karrieremesseauftritte haben, können sie dennoch im War for talents, auch gegenüber Großunternehmen, bestehen. Um die Rekrutierung, die Entwicklung und die Bindung von Mitarbeitern als Mittelstandsunternehmen erfolgsversprechend zu gestalten, gilt es die Vorzüge als Unternehmen zu stärken und gezielt am Arbeitsmarkt einzusetzen. Kurze Entscheidungswege, persönlicher und familiärer Kontakt zwischen Mitarbeitern und Leitung und die flexiblere Gestaltung des Arbeitsablaufes sind sehr geschätzte Merkmale unter (potentiellen) Mitarbeitern. Für KMU bedeutet das, die Arbeitgeberattraktivität in Hinblick auf die Bedürfnisse der Zielgruppen, intern sowie extern durch Employer Branding Maßnahmen zu kommunizieren und zu leben.[240] Prinzipiell muss verstanden werden, dass es sich auch für kleinere Unternehmen mit wenig Budget lohnt

---

[236] Vgl. Stotz und Wedel-Klein, *Employer Branding*, S. 48.

[237] Vgl. Windau und Schumacher, *Strategien für Sieger*, S. 131 f.

[238] Vgl. Kay und Werner, „Rekrutierungschancen und -probleme von kleinen und mittleren Unternehmen.", S. 15, S. 30 f.

[239] Vgl. „employer branding bei phoenix contact - interview mit prof. dr. olesch", saatkorn., 3. Mai 2011, https://www.saatkorn.com/employer-branding-bei-phoenix-contact-interview-mit-prof-dr-olesch/ Frage 3., zugegriffen am 01.März 2018

[240] Vgl. Müller und School of Management and Law (Winterthur), *Praxisleitfaden Arbeitgeberattraktivität*, S. 1.

in die Arbeitgebermarkenbildung zu investieren. Der Prozess sollte jedoch individuell gestaltet werden und an die eigenen Ressourcen und Möglichkeiten angepasst werden.[241]

Die Anpassungen beziehen sich bei der Mitarbeitergewinnung auf die Reichweite. Ziel für KMU sollte es zunächst sein, vor allem in regional als attraktiver Arbeitgeber wahrgenommen zu werden.[242] Zentrale Maßnahmen hierfür sind die Karriereseite, Stellenanzeigen (in Printmedien und vorrangig Online), verstärkte Medienarbeit und die Teilnahme an Arbeitgeberrankings.[243] Die Karriereseite ansprechend und aufschlussreich zu gestalten, fällt finanziell nicht zu sehr ins Gewicht, hat aber große Wirkung im Employer Branding. Die Kombination aus authentischen Botschaften, direkter Bewerberansprache und guter Bildsprache ist entscheidend für den ersten Eindruck als mittelständischer Arbeitgeber. Auch die Einbindung von glaubwürdigen Mitarbeiter-Statements zu Karrierewegen, Entwicklungsmöglichkeiten oder dem Betriebsklima können die Arbeitgebermarke hierbei positiv unterstreichen.[244] Das selbe Argument gilt für die regionale Öffentlichkeitsarbeit als Arbeitgeber. Die Kosten sind gering, haben dennoch einen großen Effekt. Dabei geht es um die gezielte Zusammenarbeit mit den Medien, getreu dem Motto: „Tue Gutes und rede darüber!". Fachzeitschriften, Absolventenmagazine und Tageszeitungen sind häufig sehr interessiert an den Meinungen von Unternehmern und Personalexperten und sind ein hilfreiches Mittel, um das Unternehmen als Arbeitgeber publik zu machen.[245]

In Bezug auf die Mitarbeiterbindung führt erfolgreiches Employer Branding zu weniger Fluktuation und damit zu weniger Personalkosten. Durch die passgenaue Ansprache durch Employer Branding, werden nur die Kandidaten angesprochen, die auch wirklich zum Unternehmen passen und dadurch auch bleiben. Die Opportunitätskosten bestärken dabei die Rentabilität des Employer Branding Prozesses auch in mittelständischen Unternehmen. Langfristig sind die Personalkosten, die ohne positiv erlebte Arbeitgebermarke entstehen, deutlich höher als die Kosten, die für den Aufbau und die Pflege einer Arbeitgebermarke nötig sind. Die Zufriedenheit, die Leistungsbereitschaft und die Identifikation der Mitarbeiter mit dem Unternehmen werden durch eine authentische

---

[241] Vgl. Wolf Reiner Kriegler, „Employer Branding Kompakt", *Bundesverband der Personalmanager BPM in Kooperation mit der DEBA (Deutsche Employer Branding Akademie)*, Praxisheft der BPM, 2006, Vorwort, S. 3, https://www.bpm.de/sites/default/files/service_1%5B1%5D.pdf.

[242] Vgl. Buckesfeld, *Employer Branding*, S. 62.

[243] Vgl. Joachim Schuble, Silke Masurat, und Markus Eicher, „Employer Branding für den Mittelstand. Leitfaden zur Top-Arbeitgebermarke" (Topjob compamedia GmbH), S. 11, zugegriffen 1. März 2018, http://www.topjob.de/upload/EB_Employer_Branding_Fibel_Online.pdf.

[244] Vgl. Schuble, Masurat, und Eicher, S. 15.

[245] Vgl. Schuble, Masurat, und Eicher, S. 16.

Arbeitgebermarke erhöht. Einen weiteren Vorteil von Employer Branding für mittelständische Unternehmen stellen die Synergieeffekte der Employer Brand und der Corporate Brand dar. Beide Marken haben ihren Ursprung in der Unternehmensstrategie und beeinflussen sich gegenseitig. Demnach hat zielgerichtetes Employer Branding auch immer positiven Einfluss auf die Corporate Brand und das gesamte Unternehmensimage.[246]

Um bedarfsgerechtes Employer Branding im Mittelstand zu betreiben, müssen individuelle, an den Mittelstand angepasste, Prozesse entwickelt werden. Der direkte Vergleich oder gar das Kopieren von Employer Branding Strategien von Konzernen, ist aufgrund der grundlegend differenten Gegebenheiten nicht zielführend.[247] Je nachdem, welche Kompetenzen zum Thema Arbeitgebermarkenbildung im KMU vorhanden sind, kann es in manchen Fällen hilfreich sein, auf externe Berater zurückzugreifen. Das kann für den gesamten Prozess geschehen, oder auch nur für einzelne erfolgskritische Teilbereiche.[248]

---

[246] Vgl. DEBA Deutsche Employer Branding Akademie, „Employer Branding im Mittelstand: Chancen und positive Effekte", Competence Site, S. 2 f., zugegriffen 7. März 2018, http://www.competence-site.de/employer-branding-im-mittelstand-chancen-und-positive-effekte/.

[247] Vgl. Deutsche Employer Branding Akademie, S. 3 f.

[248] Vgl. Immerschitt und Stumpf, *Employer Branding für KMU*, S. 85.

5 Fazit und Ausblick

Um als Unternehmen wettbewerbsfähig zu sein und auch zu bleiben, müssen die wichtigsten Erfolgsfaktoren stetig im Auge behalten und nachhaltig gesichert werden. Fähiges, qualifiziertes und motiviertes Personal stellt unumstritten einen der elementarsten Faktoren dar. In einer sich schnell wandelnden Wirtschaft trägt das Personal maßgeblich zur Differenzierung bei. In Bezug auf die aktuelle Situation am Arbeitsmarkt, in der die Bewerber die Umworbenen sind, müssen Unternehmen folglich strategisch auf diese Herausforderung reagieren. Wie in der vorliegenden Arbeit gezeigt wurde, bietet Employer Branding hierfür eine geeignete Möglichkeit.

Es hat sich gezeigt, dass der strategische Aufbau und die Pflege einer Arbeitgebermarke dabei hilft die Bekanntheit und das Ansehen als Arbeitgeber zu erhöhen, um bei der Arbeitgeberwahl Berücksichtigung zu finden. Auch die Mitarbeiterbindung wird hierdurch maßgeblich gefördert Die Voraussetzung für eine gute Arbeitgebermarke ist die kritische und ehrliche Selbstanalyse der Unternehmen, um dann die eigenen Besonderheiten und Alleinstellungsmerkmale herauszufiltern. Nur wer sich authentisch und einzigartig, also anders als die anderen, positioniert, kann Mitarbeiter für sich gewinnen und halten. Die differenzierende Wirkung der Arbeitgebermarke stellte sich als markanter Erfolgsfaktor heraus.

Eine Unterlegenheit der mittelständischen Unternehmen gegenüber Großunternehmen konnte im Rahmen dieser Arbeit nicht bestätigt werden. Anders als oft angenommen, haben KMU viele Vorzüge, die ihnen im Wettbewerb um geeignetes Personal durchaus Vorteile gegenüber Konzernen verschaffen können. Das Problem stellt demnach eher die Kommunikation und die Strategie dar. Mittelständische Unternehmen haben zwar nicht das gleiche Budget wie Großunternehmen, dennoch können sie erfolgreich Employer Branding betreiben. Der Prozess und die Kommunikation müssen lediglich angepasst werden. Das Risiko sich aus Kostengründen nicht mit Employer Branding auseinanderzusetzten, ist im Mittelstand äußerst hoch. Besonders mittelständische Unternehmen sollten jedoch kurzfristige Kosteneinsparungen nicht über die langfristigen Potentiale einer starken Arbeitgebermarke stellen. Hierzu passend ein Zitat von Henry Ford „Wer aufhört zu werben, um Geld zu sparen, kann ebenso seine Uhr anhalten, um Zeit zu sparen."[249]

Die Relevanz von Employer Branding wird in Zukunft weiter zunehmen. Das Entwickeln und Führen einer starken Arbeitgebermarke ist demnach eine unabdingbare Voraussetzung, um auch zukünftig am Arbeitsmarkt wettbewerbsfähig zu bleiben.

---

[249] Henry Ford (1863- 1947), Gründer des Automobilhersteller Ford Motor Company

Literaturverzeichnis

Adjouri, Nicholas. *Alles was Sie über Marken wissen müssen: Leitfaden für das erfolgreiche Management von Marken*. 2. Aufl. Wiesbaden: Springer Gabler, 2014.

Ambler, Tim, und Simon Barrow. „The Employer Brand". *Journal of Brand Management* 4, Nr. 3 (Dezember 1996): 185–206. https://doi.org/10.1057/bm.1996.42.

„Arbeitgeberattraktivität". Zugegriffen 26. Februar 2018. https://www.employer-branding-now.de/employer-branding-wiki-lexikon/arbeitgeberattraktivitaet-employer-branding-wiki.

„Arbeitgeberimage". Zugegriffen 26. Januar 2018. https://www.employer-branding-now.de/employer-branding-wiki/arbeitgeberimage.

Backhaus, Kristin, und Surinder Tikoo. „Conceptualizing and Researching Employer Branding". *Career Development International* 9, Nr. 5 (August 2004): 501–17. https://doi.org/10.1108/13620430410550754.

Beck, Christoph, Hrsg. *Personalmarketing 2.0: vom Employer Branding zum Recruiting*. Personalwirtschaft Buch. Köln: Luchterhand, 2008.

Bildung, Bundeszentrale für politische. „Mittelstand | bpb". Zugegriffen 4. Dezember 2017. http://www.bpb.de/nachschlagen/lexika/lexikon-der-wirtschaft/20129/mittelstand.

Buckesfeld, Yvonne. *Employer Branding: Strategie für die Steigerung der Arbeitgeberattraktivität in KMU*, 2016.

Bundesministerium für Wirtschaft und. „Erfolgsmodell Mittelstand". Zugegriffen 3. März 2018. http://www.bmwi.de/Redaktion/DE/Dossier/politik-fuer-den-mittelstand.html.

Burg, Monika, und Claudia Heuser. *Distribution und Handel in Theorie und Praxis: Festschrift für Prof. Dr. Dieter Ahlert*. Herausgegeben von Dieter Ahlert und Hendrik Schröder. 1. Aufl. Gabler Edition Wissenschaft. Wiesbaden: Gabler, 2009.

Chambers, Elizabeth G., Mark Foulon, Helen Handfield-Jones, Steven M. Hankin, und Edward G. Michaels. „The war for talent". *McKinsey Quarterly: The Online Journal McKinsey & Co.*, Nr. 3 (1998). http://www.executivesondemand.net/managementsourcing/images/stories/artigos_pdf/gestao/The_war_for_talent.pdf.

„Corporate Brand". Zugegriffen 18. Dezember 2017. https://www.brand-trust.de/de/glossar/corporate-brand.php.

Dakers, Marion. „Secrets of Growth: The Power of Germany's Mittelstand". *The Telegraph*, 11. Mai 2017. https://www.telegraph.co.uk/connect/small-business/driving-growth/secrets-growth-power-of-germany-mittelstand/.

„Definition » Arbeitgeber « | Gabler Wirtschaftslexikon". Zugegriffen 10. Dezember 2017. http://wirtschaftslexikon.gabler.de/Definition/arbeitgeber.html.

„Definition » Hygienefaktoren « | Gabler Wirtschaftslexikon". Zugegriffen 16. Januar 2018. http://wirtschaftslexikon.gabler.de/Definition/hygienefaktoren.html.

„Definition » Involvement « | Gabler Wirtschaftslexikon". Zugegriffen 1. März 2018. http://wirtschaftslexikon.gabler.de/Definition/involvement.html.

„Definition » Markencommitment « | Gabler Wirtschaftslexikon". Zugegriffen 16. Januar 2018. http://wirtschaftslexikon.gabler.de/Definition/markencommitment.html.

„Definition » Mittelstand « | Gabler Wirtschaftslexikon". Zugegriffen 4. Dezember 2017. http://wirtschaftslexikon.gabler.de/Definition/mittelstand.html.

Deutsche Employer Branding Akademie, DEBA. „Employer Branding im Mittelstand: Chancen und positive Effekte". Competence Site. Zugegriffen 7. März 2018. http://www.competence-site.de/employer-branding-im-mittelstand-chancen-und-positive-effekte/.

Dörfel, Lars. *Instrumente und Techniken der Internen Kommunikation - Band 2 Instrumente zielgerichtet einsetzen, Dialoge erfolgreich managen*, 2013. http://nbn-resolving.de/urn:nbn:de:101:1-201702154617.

„employer branding bei phoenix contact - interview mit prof. dr. olesch". saatkorn., 3. Mai 2011. Zugegriffen 03. März 2018. https://www.saatkorn.com/employer-branding-bei-phoenix-contact-interview-mit-prof-dr-olesch/.

Esch, Franz-Rudolf. *Strategie und Technik der Markenführung*. 7., Vollst. überarb. und erw. Aufl. München: Vahlen, 2012.

Esch, Franz-Rudolf. *Strategie und Technik der Markenführung*. 8. Aufl. München: Verlag Franz Vahlen GmbH, 2014. https://doi.org/10.15358/9783800648573.

Esch, Franz-Rudolf. *Strategie und Technik der Markenführung*. 8. Aufl. München: Verlag Franz Vahlen GmbH, 2014. https://doi.org/10.15358/9783800648573.

Esch, Franz-Rudolf, Christian Knörle, und Kristina Strödter. *Internal Branding: Wie Sie mit Mitarbeitern Ihre Marke stark machen*. 1. Aufl. München: Verlag Franz Vahlen GmbH, 2014. https://doi.org/10.15358/9783800647941.

Esch, Franz-Rudolf, Mirjam Schmitt, und Christian Knörle. „Employer Branding Studie 2014: Pole Position bei Bewerbern und Mitarbeiter". Employer Branding Studie 2014. ESCH, 2014.Zugegriffen 08. Februar 2018. http://www.esch-brand.com/publikationen/studien/neue-employer-branding-studie-2014-arbeitgeber-als-marke-klar-positionieren-und-umsetzen/.

Esch, Franz-Rudolf, Torsten Tomczak, Joachim Kernstock, und Tobias Langner, Hrsg. *Corporate Brand Management: Marken als Anker strategischer Führung von Unternehmen*. 2., Aktualisierte und erg. Aufl. Wiesbaden: Gabler, 2006.

„Gesamtwirtschaft & Umwelt - Unternehmensregister - Unternehmensregister - Statistisches Bundesamt (Destatis)". Zugegriffen 5. März 2018. https://www.destatis.de/DE/ZahlenFakten/GesamtwirtschaftUmwelt/UnternehmenHandwerk/Unternehmensregister/Tabellen/UnternehmenBeschaeftigteUmsatzWZ08.html.

GmbH, DEBA. „Mission und Grundsätze". *DEBA GmbH* (blog). Zugegriffen 26. Februar 2018. http://employerbranding.org/about/mission-und-grundsaetze/.

Heller, Gernot. „Unternehmen: Warum der ‚German Mittelstand' nicht kopierbar ist". *DIE WELT*, 18. Juli 2013. Zugegriffen 08. Februar 2018. https://www.welt.de/wirtschaft/article118171834/Warum-der-German-Mittelstand-nicht-kopierbar-ist.html.

Heming, Jochen. *Aufbau einer Arbeitgebermarke in Handwerksbetrieben der Baubranche*, 2017.

Hesse, Gero, und Roland Mattmüller, Hrsg. *Perspektivwechsel im Employer Branding: neue Ansätze für die Generationen Y und Z*. Wiesbaden: Springer Gabler, 2015.

„IfM Bonn: KMU-Definition der EU-Kommission". Zugegriffen 8. Dezember 2017. https://www.ifm-bonn.org/definitionen/kmu-definition-der-eu-kommission/.

„IfM Bonn: Mittelstand im Überblick". Zugegriffen 8. Dezember 2017. https://www.ifm-bonn.org/statistiken/mittelstand-im-ueberblick/#accordion=0&tab=1.

„IfM Bonn: Mittelstandsdefinition des IfM Bonn". Zugegriffen 8. Dezember 2017. https://www.ifm-bonn.org/definitionen/mittelstandsdefinition-des-ifm-bonn/.

Immerschitt, Wolfgang, und Marcus Stumpf. *Employer Branding für KMU: der Mittelstand als attraktiver Arbeitgeber*. Wiesbaden: Springer Gabler, 2014.

Kay, Rosemarie, und Arndt Werner,. „Rekrutierungschancen und -probleme von kleinen und mittleren Unternehmen." Nürnberg, 29. April 2008. Zugegriffen 03. März 2018. http://doku.iab.de/veranstaltungen/2008/fachkraefte_2008_kay_werner.pdf.

Klein, Nicole, und ScienceFactory, Hrsg. *Employer Branding: wie können Unternehmen den „War for Talents" gewinnen und qualifizierte Mitarbeiter binden?* Wirtschaft. München: ScienceFactory, 2015.

Kriegler, Wolf Reiner. „Employer Branding Kompakt",. *Bundesverband der Personalmanager BPM in Kooperation mit der DEBA (Deutsche Employer Branding Akademie)*, Praxisheft der BPM, 2006. Zugegriffen 21. Januar 2018. https://www.bpm.de/sites/default/files/service_1%5B1%5D.pdf.

Kriegler, Wolf Reiner. *Praxishandbuch Employer Branding: mit starker Marke zum attraktiven Arbeitgeber werden.* 2. Auflage. Freiburg: Haufe-Lexware, 2015.

Künzel, Hansjörg, Hrsg. *Erfolgsfaktor Employer Branding: Mitarbeiter binden und die Gen Y gewinnen.* Erfolgsfaktor Serie. Berlin: Springer Gabler, 2013.

Lukasczyk, Alfred, Armutat, Sascha, und Seng, Anja. *Employer Branding: die Arbeitgebermarke gestalten und im Personalmarketing umsetzen.* Herausgegeben von Deutsche Gesellschaft für Personalführung. 2. Aufl. DGFP-PraxisEdition 102. Bielefeld: Bertelsmann, 2012.

Meffert, Heribert, Christoph Burmann, und Martin Koers, Hrsg. *Markenmanagement: identitätsorientierte Markenführung und praktische Umsetzung: mit Best Practice-Fallstudien.* 2., Vollständig überarbeitete und erweiterte Auflage. Meffert Marketing Edition. Wiesbaden: Gabler, 2005.

Meffert, Heribert, Hrsg. *Markenmanagement: identitätsorientierte Markenführung und praktische Umsetzung: mit Best Practice-Fallstudien.* 2., Vollständig überarbeitete und erweiterte Auflage. Meffert Marketing Edition. Wiesbaden: Gabler, 2013.

meinestadt.de. „Fast jeder zweite Bewerber geht verloren". *meinestadt.de GmbH* (blog). Zugegriffen 19. Januar 2018. http://unternehmen.meinestadt.de/blog/2017/08/fast-jeder-zweite-bewerber-geht-verloren/.

Mosley, Richard, und Lars Schmidt. *Employer branding.* For dummies. Hoboken, NJ: John Wiley & Sons, Inc, 2017.

Mugler, Josef. *Grundlagen der BWL der Klein- und Mittelbetriebe.* 2., Überarb. und erw. Aufl. Manual. Wien: facultas.wuv Univ.-Verl, 2008.

Müller, Andrea, und School of Management and Law (Winterthur). *Praxisleitfaden Arbeitgeberattraktivität: Instrumente zur Optimierung der Arbeitgeberattraktivität in kleinen und mittleren Unternehmen*. Chur: HTW, Hochschule für Technik und Wirtschaft, 2011. Zugegriffen 03. März 2018. http://www.htwchur.ch/uploads/media/Praxisleitfaden_Arbeitgeberattraktivitaet_-_Endversion_-_mit_Titelseite.pdf.

Nagel, Katja. *Employer Branding: starke Arbeitgebermarken jenseits von Marketingphrasen und Werbetechniken, mit sieben Fallbeispielen*. Wien: Linde international, 2011.

Nicolai, Christiana. *Personalmanagement*. 3., Überarb. und erw. Aufl. UTB Wirtschaftswissenschaften 8323. Konstanz: UVK-Verl.-Ges. [u.a.], 2014.

Parment, Anders. *Die Generation Y - Mitarbeiter der Zukunft: Herausforderung und Erfolgsfaktor für das Pesonalmanagement*. Wiesbaden: Gabler, 2013.

Petkovic, Mladen. *Employer Branding: ein markenpolitischer Ansatz zur Schaffung von Präferenzen bei der Arbeitgeberwahl*. 2. Auflage. Hochschulschriften zum Personalwesen 37. München und Mering: Rainer Hampp Verlag, 2008.

Pett, Jochen, und Wolf Reiner Kriegler. „Ein Leuchtfeuer entzünden und andere überstrahlen". *Personalwirtschaft: das Magazin für den Job HR*, Employer Branding, Vol.34, Nr. 5 (2007): S.18-22.

Piehler, Rico, und Christoph Burmann. „Employer Branding vs. Internal Branding : ein Vorschlag zur Integration im Rahmen der identitätsbasierten Markenführung". *Die Unternehmung : Swiss journal of business research and practice*, Nr. 67 (2013): S. 233-245.

Renker, Clemens. *Marketing im Mittelstand: Anforderungen, Strategien, Maßnahmen*. 3., Neu bearb. Aufl. Berlin: Schmidt, 2009.

reserved, Copyright Haufe-Lexware GmbH- all rights. „Tesla, Apple und Nike weisen Markenführung den Weg in die Zukunft | Marketing & Vertrieb | ...". Haufe.de News und Fachwissen. Zugegriffen 23. Januar 2018. https://www.haufe.de/marketing-vertrieb/online-marketing/tesla-apple-und-nike-weisen-markenfuehrung-den-weg-in-die-zukunft_132_280590.html.

Rowold, Jens. *Human Resource Management Lehrbuch für Bachelor und Master*, 2015. http://dx.doi.org/10.1007/978-3-662-45983-6.

Rupp, Miriam. *Storytelling für Unternehmen: mit Geschichten zum Erfolg in Content Marketing, PR, Social Media, Employer Branding und Leadership*. 1. Auflage. Frechen: mitp, 2016.

Schawel, Christian, und Fabian Billing. „SWOT-Analyse". In *Top 100 Management Tools*, von Christian Schawel und Fabian Billing, 249–51. Wiesbaden: Gabler Verlag, 2012. https://doi.org/10.1007/978-3-8349-4105-3_82.

Schlüchtermann, Jörg, Hermann-Josef Tebroke, und Universität Bayreuth, Hrsg. *Mittelstand im Fokus: 25 Jahre BF/M-Bayreuth*. 1. Aufl. Gabler Edition Wissenschaft Schriftenreihe des Betriebswirtschaftlichen Forschungszentrums für Fragen der Mittelständischen Wirtschaft e.V. an der Universität Bayreuth (BF/M-Bayreuth). Wiesbaden: Dt. Univ.-Verl, 2004.

Schuble, Joachim, Silke Masurat, und Markus Eicher. „Employer Branding für den Mittelstand. Leitfaden zur Top-Arbeitgebermarke". Topjob compamedia GmbH. Zugegriffen 1. März 2018. http://www.topjob.de/upload/EB_Employer_Branding_Fibel_Online.pdf.

Schuhmacher, Florian, und Roland Geschwill. *Employer Branding: Human Resources Management für die Unternehmensführung*. 2., Überarbeitete und erweiterte Auflage. Wiesbaden: Springer-Gabler, 2014.

Sponheuer, Birgit. *Employer Branding als Bestandteil einer ganzheitlichen Markenführung*. 1. Aufl. Gabler Research Innovatives Markenmanagement. Wiesbaden: Gabler, 2010.

Stotz, Waldemar, und Anne Wedel-Klein. *Employer Branding: mit Strategie zum bevorzugten Arbeitgeber*. München: Oldenbourg, 2009.

Thust/dpa, Sarah. „Spielraum für Verhandlungen". *sueddeutsche.de*, 2017, Abschn. karriere. Zugegriffen 18. Januar 2018. http://www.sueddeutsche.de/karriere/jobsuche-spielraum-fuer-verhandlungen-1.3772546.

Trost, Armin, Hrsg. *Employer Branding: Arbeitgeber positionieren und präsentieren*. Personalwirtschaft. Köln: Luchterhand, 2009.

Trost, Armin. *Talent Relationship Management: Personalgewinnung in Zeiten des Fachkräftemangels ; mit 10 Tabellen*. Berlin Heidelberg: Springer, 2012.

Walter, Benjamin von, und Dietmar Kremmel, Hrsg. *Employer Brand Management: Arbeitgebermarken aufbauen und steuern*. Wiesbaden: Springer Gabler, 2016.

Weissman, Arnold. *Die großen Strategien für den Mittelstand: die erfolgreichsten Unternehmer verraten ihre Rezepte*. 2., Aktualisierte Aufl. Frankfurt am Main: Campus-Verl, 2011.

Welsh, John A., und Jerry F. White. „A Small Business Is Not a Little Big Business". Harvard Business Review, August 1981. Zugegriffen 02. März 2018. http://www.alcocks.co.za/downloads/Appendix%20B_Harvard%20small%20biz%20article.pdf.

Werner, Arndt. „Arbeitsbedingungen in KMU - Eine Multivariate Analyse". Analyse. Jahrbuch zur Mittelstandsforschung 1/2004. Wiebaden: IfM Institut für Mittelstandsforschung, November 2004. Zugegriffen 02. März 2018. https://www.ifm-bonn.org/uploads/tx_ifmstudies/106_nf_1.pdf.

„Wie Marken sprechen: Wissenschaft im Dienst der Marke". Zugegriffen 23. Januar 2018. http://www.handelsblatt.com/technik/forschung-innovation/wie-marken-sprechen-wissenschaft-im-dienst-der-marke/3310086.html.

Windau, Peter von, und Michael Schumacher. *Strategien für Sieger: Erfolgsgeheimnisse mittelständischer Unternehmen*. Frankfurt/Main: Campus-Verl, 1996.